Domesticando
tu dinosaurio

Domesticando tu dinosaurio
Con humortivación e inteligencia emocional

Silverio Pérez

AGUILAR

DOMESTICANDO TU DINOSAURIO
© 2005, Silverio Pérez

De esta edición:

© 2005 – Ediciones Santillana, Inc.
avda. Roosevelt 1506,
Guaynabo, Puerto Rico, 00968

• Aguilar, Altea, Taurus, Alfaguara, S.A. de C.V.
  Av. Universidad 767, Col. del Valle
  México, 03100, D.F.
• Distribuidora y Editora Aguilar, Altea, Taurus, Alfaguara, S.A.
  Calle 80 Núm. 10-23, Santafé de Bogotá, Colombia
• Santillana S.A.
  Torrelaguna 60-28043, Madrid, España
• Santillana S.A.
  Av. San Felipe 731, Lima, Perú
• Santillana Publishing Company Inc.
  2105 NW 86th Avenue, 33122, Miami, Fl., EE. UU.
• Ediciones Santillana S.A. (ROU)
  Constitución 1889, 11800, Montevideo, Uruguay
• Aguilar, Altea, Taurus, Alfaguara, S.A.
  Beazley 3860, 1437, Buenos Aires, Argentina
• Aguilar Chilena de Ediciones Ltda.
  Dr. Aníbal Ariztía 1444, Providencia, Santiago de Chile
• Santillana de Costa Rica, S.A.
  La Uruca, 100 mts. Oeste de Migración y Extranjería, San José, Costa Rica

Primera edición: octubre de 2005

ISBN: 1-57581-845-0

Diseño de cubierta: José Manuel Ramos

Caricaturas: Raúl Martínez

Corrección: Dra. Rosario Núñez de Ortega

Impreso en: Quebecor World Bogotá S.A.

Es evidente que hasta el más civilizado de nosotros tiene
una locura interior, un potencial de irracionalidad
con el cual debe luchar.

- David L. Weiner, ***El idiota interior***

Cuando despertó, todavía el dinosaurio estaba allí.

- Augusto Monterroso

Tú eres responsable para siempre de lo que has domesticado.

- Antoine de Saint-Exupéry, ***El Principito***

El sentido del humor es el sentido de la proporción.

- Jalil Gibrán

Índice

Segunda parte: Domesticando el dinosaurio

Primera Parte:
DESCUBRIENDO EL DINOSAURIO

CUANDO SE NOS SALE
EL MONSTRUO

CREO que los seres humanos somos seres inteligentes, amorosos y con libre albedrío. Esto es, tenemos la potestad de obrar por reflexión y elección. Si esbozaste una leve sonrisa al leer estas dos oraciones, y asentiste con la cabeza, posiblemente estés de acuerdo conmigo. O, tal vez, tu sonrisa se deba a que sí te consideras inteligente y amoroso, pero conoces a una gran cantidad de personas que no son ni lo uno, ni lo otro.

Si, por el contrario, pusiste cara de extrañeza y frunciste el ceño, es que opinas lo contrario y consideras al ser humano bruto, malo y víctima de las circunstancias. En lo que terminas de leer este libro, transemos por lo siguiente: concédeme que, en nuestra *verdadera esencia*, los seres humanos somos inteligentes y amorosos, y yo te concedo que hay situaciones, personas y circunstancias que nos sacan el monstruo. Ese monstruo, en muchas ocasiones, conduce gran parte de nuestras vidas. Algunas veces actúa descaradamente; en otras, con mucha sutileza.

Veamos algunos ejemplos sencillos:

Vas en tu auto por la carretera. De pronto, alguien que viene a gran velocidad, pasando de carril en carril, te da un corte que te obliga a echarte a un lado abruptamente, para evitar ser impactado. Te da coraje. Se te sale el monstruo. Te olvidas de que estás escuchando buena música y que vas rumbo a tu hogar, aceleras y te le vas detrás con la intención de alcanzarle, darle un corte peor que el que te dio y, para colmo, le muestras el dedo del corazón cuando te mira con cara de susto. ¿Interesante, no?

Sales con tu pareja y un grupo de amigos a cenar. Tienes mucha hambre y ya has saboreado mentalmente tu plato preferido. Como no han hecho reservaciones, tienen que esperar bastante mientras les preparan una mesa. Comienzas a impacientarte y a exigir que los atiendan. El mal humor se está apoderando de ti. Por fin los sientan a la mesa. Cuando pides ese plato con el que has fantaseado, el mozo te dice que ya se les terminó, pues ha sido un día en el que el restaurante ha estado muy concurrido. Explotas contra el pobre mozo y decides que no vas a comer nada, como si castigándote a ti, castigaras al restaurante. Todo el mundo se siente incómodo y se echa por la borda la idea de salir a cenar para pasarlo bien. ¿Te resulta familiar?

El médico, tus amistades, la familia y, sobre todo, la báscula, te han dicho que debes bajar de peso. A regañadientes, has decidido que lo harás. Pero cuando ni el médico, ni las amistades, ni la familia, ni la báscula están presentes, comes como demente y decides comenzar la dieta al otro día. Y al otro día vuelve a pasar lo mismo y lo mismo y lo mismo. ¿Alguien se da por aludido?

Estás en el proceso de divorciarte de la persona que amaste y con la que conviviste por varios años. Han decido hacer los trámites de separación de la forma más civilizada posible. De pronto, una pequeña discusión desata una batalla campal. Entran en acción los abogados de ambas partes y cada cual termina buscando destruir al otro, aunque se lleven por delante a los hijos. ¡Y prácticamente lo logran! ¿Insistimos en pensar, como establecí al principio, que somos seres humanos amorosos e inteligentes y que escogemos lo que hacemos?

El salario que ganas realmente apenas te da para cubrir tus necesidades básicas y para pagar las muchas deudas que tienes. Pero cada día treinta, cuando cobras, te vas de juerga con tus compañeros de trabajo, eres el que paga los tragos y terminas la noche en un casino, donde juegas lo poco que queda de tu sueldo. Al otro día, los sentimientos de culpa te atormentan sin piedad. ¿Te recuerda a alguien?

Tienes muchos talentos, todo el mundo te lo dice, pero te sientes frustrado. Tienes muchos planes para hacer cosas maravillosas, pero no te decides por ninguna. El tiempo pasa y no tomas una decisión. Esto provoca más frustración, lo cual mina la confianza en ti mismo y hace que pospongas, aún más, las cosas que sabes que tienes que hacer y no has hecho. Te sientes atrapado en un callejón sin salida, caes en una depresión y le echas la culpa a todo el mundo por tu desgracia. ¿Te ha pasado?

Eres una persona casada, con hijos, buen trabajo y todo parece irte de lo más bien. Pero hay algo que te trae problemas constantemente. Hablas demasiado, les cuentas todo a todos. Peor aún, muchas de las cosas que cuentas las adornas con hechos que no son ciertos. El problema es que la gente que te conoce ya lo sabe y cada día pierdes más credibilidad ante ellos. Te has propuesto varias veces morderte la lengua, pero, tan pronto te descuidas, hay algo que te empuja a abrir la boca y, de paso, a "meter la pata". ¡De que los hay, los hay! ¿No?

Podríamos seguir enumerando una infinidad de situaciones cotidianas mucho más profundas, y hasta trágicas, donde hay un factor común: hacemos cosas que no encajan con lo que supuestamente somos. Actos que sabemos que nos perjudican, que nos hacen infelices, que boicotean la posibilidad de que consigamos nuestros más preciados sueños. En demasiadas ocasiones, nos comportamos de forma irracional. Entonces, cuando nos damos cuenta de lo que hemos hecho, decimos: "Pero, ¿serás animal?" Y, realmente, no estamos muy lejos de la verdad. Quien nos está empujando a comportarnos así es, precisamente, un animal. ¡Y qué animal! ¡Nada más y nada menos que un dinosaurio!

En este libro vamos a descubrir ese dinosaurio, lo observaremos para entender cómo funciona y daremos los pasos necesarios para ir domesticándolo. Domesticarlo no es alterar su naturaleza, controlarlo ni, mucho menos, erradicarlo de nuestra existencia. Es conocerlo de tal forma, que no sea un impedimento para disfrutarnos la vida y lograr nuestro máximo desarrollo como seres humanos.

DE HISTÓRICOS A
HISTÉRICOS

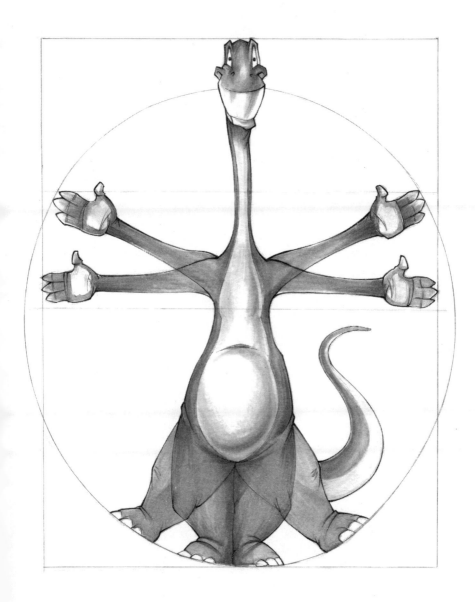

EN mis investigaciones para tratar de entender el extraño comportamiento del ser humano, descubrí una historia fascinante, desconocida hasta ahora, que narra cómo el dinosaurio se convirtió en parte de nuestra mente. Si la creen o no, es problema de ustedes. Yo cumplo con contársela. Es obvio que el dinosaurio tratará de evitar por todos los medios que le den credibilidad.

Hace exactamente sesenta y cinco millones de años, a finales de la Era Mesozoica, ocurrieron unos hechos que nos afectaron a ti, a mí y al resto de la humanidad. Los dinosaurios eran las criaturas que habían dominado la faz de la tierra desde su aparición, doscientos veinte millones de años antes. Habían logrado vivir tanto tiempo porque, además de ser grandes, fuertes y rápidos, también eran capaces de cambiar y adaptarse a las nuevas circunstancias del Planeta. Con tantos años en total control de su entorno, a ninguno de ellos le pasaba por su poco desarrollado cerebro que en algún momento eso no seguiría siendo así. Vivían felices y contentos, emigrando de un lado a otro en busca de comida, llevándose cuanto Dios creó por el medio, sin preocupación alguna de que algo o alguien amenazara su especie.

La excepción era un pacífico *Apatosaurio*, de la familia de los Saurópodos. Este dinosaurio herbívoro, de unos cuarenta metros de altura -pero con un cerebro tan pequeño como el de un gato-, empezó a darse cuenta de que la erosión que estaban ocasionando, yendo de un lado para otro, iba disminuyendo poco a poco la disponibilidad de plantas para su alimentación. Así que tuvo que empezar a buscar alimento en otros lugares. Un buen día comió unas plantas alucinógenas que crecían en las copas de unos árboles gigantescos. Pocos instantes después, cayó en un profundo sueño en el que tuvo una visión apocalíptica. Un enorme meteorito chocaría con la Tierra y produciría cambios drásticos en el clima. Por un tiempo, la Tierra se enfriaría a niveles intolerables. Después, muchos volcanes entrarían en erupción arrojando ríos de lava ardiente que destruirían todo a su paso. El polvo y las sustancias venenosas que saldrían de los cráteres de estos volcanes también contribuirían a la destrucción total de su especie.

Apa, como cariñosamente le podríamos llamar a este dinosaurio pionero de los pronosticadores del tiempo y el futuro, le contó la visión que tuvo en su sueño a un *Tiranosaurio Rex*, que en aquel entonces era el titán de la llanura. Éste, con sus seis toneladas de peso y quince metros de longitud, miró con cierto desprecio a su primo lejano y siguió con su agenda de depredador por excelencia, sin hacerle el más mínimo caso. Al parecer, ya en esos tiempos los carnívoros daban poca credibilidad a lo que decían los vegetarianos, aunque éstos tuvieran la razón. Peor aún, el pobre Apa se convirtió en el hazmerreír de cuanta criatura se enteró de sus alucinaciones. A fin de cuentas, ¿quién le iba a hacer caso a un gigantón con cerebro de gato?

Pasó el tiempo y, cuando los dinosaurios se aprestaban a celebrar con bombos y platillos la despedida del período Cretáceo, un enorme meteorito impactó la Tierra cerca de la península de Yucatán. El choque provocó gigantescas nubes de polvo y cenizas que impedían el paso de la luz solar. Parecía como si hubiese explotado una gran bomba nuclear. Por cerca de un año reinó la oscuridad total, las temperaturas bajaron a niveles de congelación y la lluvia ácida no cesó de caer. En medio de este desastre, Apa no cesaba de gritar con todas las fuerzas de su enorme cuerpo: "¡Se lo dije! ¡Ríanse ahora!".

Cuando cesó la oscuridad, vino entonces un calentamiento súbito que empezó a descongelar todo lo que se había convertido en hielo. Los mares se salieron de sus límites, las capas terrestres se movieron y esto, a su vez, provocó erupciones de volcanes y terremotos por todos lados. Los gases que salían por los cráteres de estos volcanes contaminaban la Tierra provocando la muerte masiva de aquellos animales a los que la congelación aún no había aniquilado y de las plantas que habían resistido el embate. La inmensa mayoría de los dinosaurios había muerto y los que quedaban estaban desesperados por sobrevivir. Fue entonces cuando le hicieron caso al pobre Apa.

Éste les contó cómo, en otra de las alucinaciones, había visto lo que sucedería después de la catástrofe que estaban viviendo. Que en el futuro reinarían sobre la Tierra los seres humanos y que, a diferencia de los dinosaurios, aquellos dominarían sobre los otros seres, no, por su fortaleza física, sino por el uso de la mente y del corazón. Según lo que había visto el *Apatosaurio*, el dominio del ser humano se basaba en su capacidad para amar y pensar inteligentemente.

El *Tiranosaurio Rex*, que había desarrollado un poco más su cerebro para poder hacerles jugarretas a sus presas, sintió una gran envidia de esos futuros seres humanos. Rex le pidió a Apa que lo llevara a donde aún crecían aquellas plantas alucinógenas para comer de ellas y, de esa forma, ver con más claridad lo que les deparaba el futuro.

El grandullón depredador entró en un trance profundo luego de comer -con cierta repulsión, por ser carnívoro- de las ya famosas plantas. Cuando despertó, mostró una maquiavélica sonrisa ante el resto de los dinosaurios, que esperaban ansiosos por oír lo que les contaría. "No tenemos por qué preocuparnos", les dijo. "Nuestro dominio continuará. Es correcto que el corazón del ser humano tendrá una enorme capacidad de amar y que ahí radicará su gran poder. Es verdad que su cerebro le permitirá pensar inteligentemente y ejercer el libre albedrío. Pero también es cierto que dicho cerebro necesitará crecer sobre el nuestro mediante las leyes de la evolución. Desde nuestro cerebro reptil, agazapados entre impulsos, emociones y pensamientos, iremos tomando control de la mente de este ser humano y le haremos la vida imposible." Los dinosaurios celebraron con júbilo la sentencia de su líder.

Desconocemos qué ocurrió después de ese discurso del *Tiranosaurio Rex*. Tal parece que parte del plan que desarrollaron fue mantener en absoluto secreto los pasos que tomarían para hacer realidad el plan del líder saurino. Puede haber diversidad de teorías sobre cómo lo lograron. De lo que no hay duda es de que tuvieron éxito.

Las guerras, la contaminación, las drogas, el estrés, el egoísmo, la competencia desmedida, el hambre, la pobreza extrema, el racismo, la discriminación, la infelicidad y otros males que nos aquejan son evidencia contundente de que, de alguna forma, los dinosaurios se han salido con la suya. Sólo nos resta aprender a domesticarlos.

LOS QUE SABEN
ME DAN LA RAZÓN

MI descabellada idea de que dentro de nosotros –los seres racionales- hay un dinosaurio que nos lleva a hacer cosas irracionales está respaldada por muchas personas que han dedicado su vida a estudiar el comportamiento humano. Si los humanos nos comportáramos todo el tiempo de forma inteligente y amorosa, a nadie se le hubiese ocurrido sacar tiempo para investigar por qué somos tan amorosos e inteligentes.

Comenzamos con el nunca bien ponderado Sigmund Freud. Éste y otros estudiosos trataron de crear un sistema teórico que explicara la "irracionalidad" del ser humano. Muchas de estas teorías han dejado a la gente común más enredada que un plato de espaguetis. Sin embargo, me da la impresión de que Freud se refiere a mi teoría del dinosaurio cuando dice que en el ser humano hay "una fuerza inconsciente, separada dentro de nuestra mente, que resulta ser inflexible y obstinada". Y añade que esa fuerza "quiere salirse con la suya en entornos, necesidades y perspectivas primitivas y es impermeable a la razón".

El autor David L. Weiner también le da la razón a mi aseveración de que hay rastros saurinos en nuestra mente cuando dice en su libro *Brain Tricks:* "En la medida en que el costado pensante de nuestro cerebro evolucionó, sencillamente creció sobre nuestro cerebro límbico". ¡Eso es lo que predijo el *Tiranosaurio Rex* del capítulo anterior! El cerebro límbico, según Weiner, "es el responsable de unas pulsiones o impulsos que tenían perfecto sentido cuando vivíamos en las cavernas, pero ya no". La civilización avanza mucho más rápido que la evolución biológica. Los seres humanos del siglo veintiuno tenemos un pie en las cavernas y otro en las estrellas. Mientras logramos impresionantes avances tecnológicos, seguimos bregando con rastros del dinosaurio en nuestro cerebro.

El Dr. Paul McLean parece darnos la razón en su libro *A Triune Concept of the Brain* cuando establece que el cerebro está dividido en tres partes: *el reptil*, que está en la base del cerebro y es el que tenía el hombre de las cavernas; *el límbico*, que creció sobre el reptil y que contiene los impulsos y emociones que compartimos con los animales superiores y, por último, *la neocorteza*, que es el cerebro del ser humano desarrollado. Dice McLean que "esos impulsos primitivos que salen de las zonas límbica y reptil están ocultos bajo el manto de la educación que el poder del razonamiento y la creatividad de la neocorteza nos permitió desarrollar". Interpreto entonces que eso que está oculto en esa zona y que llamo el dinosaurio nos mete en problemas en la medida en que no nos educamos para conocerlo y, posteriormente, domesticarlo.

Coincide David Weiner con McLean en que "tenemos dos sistemas operativos mentales en el cerebro, uno de esencia cerebral, y el otro, de esencia límbica y primitiva". El problema surge cuando esos dos sistemas no se ponen de acuerdo y les da con pelear. Miren lo que dice el Dr. Weiner sobre lo que él llama el sistema operativo límbico: "es capaz de capturar tu sistema racional y hacerte creer y hacer cosas irracionales". Eso es lo que yo llamo "el dinosaurio". ¿Quién no conoce gente capturada por el dinosaurio? ¿Quién no se ha casado con una dinosauria vestida de mujer? ¿O con uno con gabán y corbata? ¿Quién no le ha visto la cola al jefe cuando las cosas no salieron como él las pidió? ¿Quién no ha observado en un debate político a dos dinosaurios intercambiando dentelladas? Una persona con una rabieta está capturada por el Dino. ¡Cuántas personas han cometido barbaridades al estar poseídas por los celos! He conversado con drogadictos que me han confesado que lo que los impulsa a consumir drogas está más allá del razonamiento. Los alcohólicos, igual.

En *El poder del ahora*, Echart Tolle lo describe sencilla y elocuentemente: "Muchos viven con un torturador en la cabeza que continuamente los ataca y los castiga y les drena la energía vital". En los próximos capítulos planteo unos pasos muy sencillos para domesticar ese dinosaurio, tomando como base los conceptos básicos de la inteligencia emocional. Precisamente, el Dr. Daniel Goleman, el hombre que revolucionó el concepto de inteligencia con su libro *La inteligencia emocional*, acepta que tenemos "dos mentes; una que piensa y otra que siente". Y añade: "Cuando estamos dominados por el anhelo o la furia, trastornados por el amor o retorcidos de temor, es el sistema límbico el que nos domina". En su famoso libro cita a Aristóteles cuando dijo: "Cualquiera puede ponerse furioso... eso es fácil. Pero estar furioso con la persona correcta, en la intensidad correcta, en el momento correcto y de la forma correcta... eso no es fácil". Para Goleman, el gran reto del ser humano consiste en administrar la vida emocional con inteligencia. Añado, entonces, que el desafío consiste en domesticar ese dinosaurio que llevamos dentro.

La tarea no es fácil. Comenzando porque el cerebro, por donde anda suelto ese dinosaurio, es un poco complicado. Conocemos cómo funciona el automóvil más sofisticado, pero de nuestro cerebro conocemos poco. El cerebro humano tiene millones y millones de neuronas. Para sumar dos más dos, probablemente cientos de millones de neuronas están recibiendo cientos de billones de estímulos para llegar a la respuesta "cuatro". Todo este andamiaje, miles de veces más complicado que toda la red de computadoras mundiales que componen la Internet, y que sólo pesa un kilo y medio, aún no ha podido ser descifrado del todo.

En la revista *The New Yorker* apareció un artículo del Dr. Gerald M. Eldelman en el que asegura que comparar el cerebro con una computadora es una tontería y que lo más parecido al cerebro es un ecosistema. El dinosaurio anda escondido en ese complicado ecosistema.

El profesor de neurociencia Noel Alicea dice que mientras la neocorteza, el área intelectual de nuestro cerebro, maneja unos siete pedazos de información cada cuatro décimas de segundo, el área emocional, por donde anda suelto el dinosaurio, puede manejar hasta dos millones en el mismo tiempo. Es de esa velocidad que el dinosaurio se aprovecha para manejarnos a nosotros. Cito al profesor Alicea: "Si queremos verdaderamente controlar el ritmo y el curso de nuestras vidas, lograremos hacerlo entendiendo el funcionamiento y controlando, en la manera que sea posible, ese centro emocional". A eso es lo que yo llamo domesticar el dinosaurio.

Daniel Goleman dice que "nuestras emociones tienen mente propia, una mente que puede sostener puntos de vista con bastante independencia de nuestra mente racional". La amígdala cerebral –que nada tiene que ver con la que está por ahí en el área de la garganta– es, según Goleman, la especialista en asuntos emocionales. Actúa como una compañía de alarmas cuyos operadores llaman de inmediato a quien tengan que llamar para atender una emergencia. Cuando ya la amígdala ha puesto a funcionar el sistema de alarmas, todavía la parte racional está analizando posibilidades. Digo, si es que ya se ha enterado de lo que está pasando. El dinosaurio se aprovecha de ese rápido sistema de alarma para salirse con la suya.

El profesor Alicea postula que reprogramando la amígdala cerebral con afirmaciones coherentes diarias, con buena alimentación y con la oxigenación adecuada de nuestro cerebro, podemos lograr ese control de nuestra vida tan esencial para su disfrute. Yo añado que todo lo que podamos hacer para domesticar nuestro dinosaurio es válido.

Los estudios indican que ese dinosaurio está bastante domesticado en un 5% de la población, pero en el otro 95%, anda "suelto como cabete". Entender cómo funciona el dinosaurio, cuáles son sus tretas y cómo es que nos manipula, es esencial para ir descubriéndolo y, finalmente, domesticarlo.

LA AGENDA DEL
DINOSAURIO

ESE animal prehistórico que habita en nosotros tiene una agenda muy clara: que no nos disfrutemos la vida, que no entremos en contacto con nuestra verdadera esencia y que no seamos felices. En otras palabras, el dinosaurio quiere fastidiarnos la vida. Para lograr su propósito, intercepta el canal de nuestra voz interior –esa que nos recuerda de diversas formas que somos *uno con el Universo* y que *nacimos para ser felices*- y lo contamina con su mensaje confuso y autodestructivo.

Esa voz interior, sin estar contaminada por la interferencia saurina, nos indica el camino correcto para que nuestro verdadero ser se manifieste en todo lo que hacemos. Esa voz interior nos guía hacia la felicidad. Pero nuestra bestia interna introduce sutilmente sus mandatos y nos confunde. Por eso es que se nos hace tan difícil diferenciar entre la voz de nuestro verdadero *ser* y la del dinosaurio. ¡Hasta creemos que es la misma!

El dino se convierte en nuestra mente en un narrador que no se toma ni un descanso para comer o para ir al baño. No importa la hora a la que te despiertes, el dinosaurio enciende el micrófono y ¡a trabajar se ha dicho! Ese dino narrador nos interpreta lo que nos sucede. Nos dice, según él, quiénes somos, cómo estamos, cómo nos vemos y, además, pretende que aceptemos sus interpretaciones como la realidad. A este narrador le encanta llevarnos al pasado y acompaña sus narraciones con vídeos que proyecta en nuestra mente de cosas que nos pasaron, para que éstas sigan influyendo en nuestras decisiones presentes. De pronto, con su narración, brinca al futuro y nos pone ansiosos con sus pronósticos desastrosos. Su constante narrativa no nos permite enfocarnos en el presente. El dino nos hace creer que somos el cuerpo que tenemos, los resultados que hemos obtenido, los sentimientos que nos atormentan y el estilo de personalidad que nos caracteriza.

La voz del dinosaurio nos da cuatro mandatos principales a los cuales nos apegamos, más o menos, de acuerdo con nuestro estilo de personalidad:

1. Estar en control, en todo momento y en todo lugar.

2. Lucir bien, no importa lo que nos cueste.

3. Tener la razón y juzgarlo todo.

4. Evitar el dolor por todos los medios a nuestro alcance.

Así, de primera intención, esos mandatos parecen razonables. ¿Qué de malo puede haber en tener todo bajo control, lucir bien, tener la razón y evitar el dolor? Precisamente de eso, de que parecen razonables, es que se aprovecha el dinosaurio para hacernos creer que está de nuestra parte, que es nuestro mejor amigo. Pero lo cierto es que la energía que gastamos día a día tratando de controlarlo todo, de lucir bien, de defender nuestras creencias, y de evitar el dolor, más que vivir, nos hace sobrevivir. Y ésa es la agenda del dinosaurio, mantenernos en la supervivencia, que estemos constantemente tratando de sobrevivir, en lugar de vivir.

El dino parte de la siguiente premisa respecto a cada uno de nosotros: "tú no vales, tú no sirves, tú no mereces ser amado y, por lo tanto, tienes que demostrar constantemente lo que no eres. Lo logras si tratas de lucir bien, tener la razón, estar en control y evitar el dolor. Debes mantenerte al ataque, defendiéndote, juzgando y criticando a diestro y siniestro". Los resultados que vemos a nuestro alrededor nos demuestran que, en gran medida, hemos comprado esa teoría saurina.

Hay una diferencia muy grande entre vivir y sobrevivir. Cuando vivimos, estamos en contacto con nuestras verdaderas emociones, con el gozo que representa experimentar la vida en el momento presente. La energía de nuestro ser está comprometida con la constante creación, lo cual, a su vez, produce más gozo y felicidad. Cuando sobrevivimos, comprometemos toda nuestra energía con el lucir bien, con tener la razón, con tener el control, y nos dedicamos a juzgar, a quejarnos, a evitar el dolor, a defendernos o a atacar.

Estar en control

Hay personas cuyo temperamento es propicio para que este mandato saurino esté muy presente en todo lo que hacen. Los estilos de personalidad que en mis libros de *Humortivación* he llamado "coléricos" y "melancólicos" son propensos a seguir este mandato. Los coléricos están enfocados en obtener resultados, les encanta dar órdenes, son exigentes y propensos a cargarse de trabajo en extremo. Los melancólicos son los perfeccionistas, para quienes el orden y el que todo marche "por el libro" es más importante que disfrutarse la vida.

Myrna pertenece a este club. Está muy satisfecha con el control que tiene de su vida y de la gente que forma parte de su entorno. Su dinosaurio está orgullosísimo de ella. Su cuenta de cheques está balanceada al día, su apartamento parece de los que salen en las revistas de decoración de interiores, y en su trabajo cumple todas las metas antes del tiempo establecido. Todos los domingos lleva a su mamá a la iglesia, donde siempre se sientan en el mismo asiento, después van al cine, cenan, y a las ocho de la noche ya Myrna está de vuelta en su bello apartamento, para disfrutar de su bien organizada soledad.

Es obvio que Myrna está sola. Enamorarse es descontrol y su dinosaurio se encarga de recordarle que eso es algo que ella no se puede permitir. Cuando conoce a un hombre y salen por primera vez, en lugar de disfrutarse la noche, está a la expectativa de las cosas que no le van a gustar de él, o de aquellas en que se parece a los que le han fallado anteriormente. Él se siente observado, bajo escrutinio y llega a la conclusión de que no es divertido estar con Myrna y, por ende, no vuelve a invitarla a salir. Su dinosaurio la tiene convencida de que es mejor estar en control y sola, que ser feliz.

Cuando Myrna se deja caer en su solitaria cama, la habitación se le viene encima. Pero el cansancio es tal, ya que trabaja como una demente, que todos los días, tan pronto hace contacto con las sábanas, se queda dormida. Mantenerse en control extenúa. Myrna no se permite ni arranques de alegría ni, mucho menos, de coraje. Suprimir los sentimientos que su dinosaurio juzga como negativos le consume casi toda su energía vital.

La zona cómoda y el control

Al dinosaurio le encanta vernos en lo que se conoce como la *zona cómoda*. Esta zona se compone de dos áreas principales: *lo que sé* y *lo que no sé*, y en ambas áreas estamos en control. Todos nos sentimos tremendamente cómodos mientras nuestra vida se desarrolle alrededor de cosas que conocemos, como el trabajo que tenemos, la pareja con la que convivimos, el país en el que llevamos tiempo viviendo y las ideas políticas y religiosas que profesamos. También nos sentimos cómodos con lo que creemos que no sabemos: no sé jugar golf, no hablo francés, no conozco la filosofía budista, no me gusta la música rap, no sé bailar tango y no sé estar solo.

Mientras nuestra vida se desarrolle en esa *zona cómoda*, el dinosaurio está tranquilo por una sencilla razón: en esa zona ningún ser humano logra su máximo potencial. Los que saben de baloncesto han oído hablar de un área debajo del canasto conocida como el área de la pintura, donde no se le permite a ningún jugador permanecer por mucho rato. El árbitro le canta una falta al jugador que lo haga. Cuando nuestro verdadero ser nos ve en la *zona cómoda* por mucho tiempo, también nos llama la atención, pues sabe que estamos en peligro de caer en la mediocridad, un espacio gris que queda en el mismo centro de la *zona cómoda*. Pero el dinosaurio se las ingenia para distraernos de tal forma que no escuchemos la voz de nuestra esencia cuando nos grita que si seguimos en esa *zona cómoda*, vamos camino a la mediocridad.

Lograr grandes sueños, tener el éxito que nunca hemos tenido, disfrutar de las relaciones maravillosas que nos hemos imaginado, ser libres en términos financieros, tener tiempo para hacer las cosas que nos gustan hacer, todo eso y mucho más, queda precisamente fuera de la *zona cómoda*.

Una vida que crece se mueve constantemente de la *zona cómoda* a la *zona incómoda*. Tan pronto dominas la *zona incómoda*, ésta se convierte en *zona cómoda* y hay que mudarse de espacio nuevamente. En cada cambio el dinosaurio se inventa las películas de terror más escalofriantes que nadie se haya podido imaginar para convencerte del peligro que encierra la *zona incómoda* y convencerte de que te quedes en la *zona cómoda*, donde estás en control.

Cuando me fui a estudiar ingeniería química tuve que dejar la *zona cómoda* de la casa de mi familia para irme a la *zona incómoda* universitaria. Aclaro que la *zona cómoda* familiar implicaba compartir dos habitaciones con nueve hermanos. Pero era a lo que estaba acostumbrado. A los pocos años, ya la universidad era mi *zona cómoda*. Me gradué con un bachillerato en ingeniería química, aunque realmente era un experto en bohemias, sátira política y deportes, y así pasé a la *zona incómoda* de tener un empleo. A los diez años ya vivía en la *zona cómoda* de ser ingeniero químico. Trabajaba para el Gobierno, era un perfecto mediocre y, por lo tanto, cualificaba para un puesto de mayor envergadura. Así que renuncié y me lancé a la *zona incómoda* de ser artista y músico.

Por cinco años estuve en el grupo musical Haciendo Punto en Otro Son. Al cabo de los años ya ni tenía que ensayar para las presentaciones públicas, pues ser parte del grupo ya era mi *zona cómoda*. Dejé el grupo y me puse a producir programas de televisión y radio. En un momento determinado acepté el reto de dejar mi *zona cómoda* para hacer un programa de televisión diario por las noches y otro de radio, que comenzaba a las seis de la mañana. El primer año en esa *zona incómoda* creé cosas que nunca antes había creado. Ya para el segundo año, la radio y televisión diarias eran mi *zona cómoda*.

Entonces tuve un encontronazo muy serio con mi dinosaurio. Aunque dormía sólo cuatro horas diarias, el esfuerzo principal que hacía era básicamente de índole física. No había reto intelectual ni emocional. Decidí entonces detenerme para replantearme todo lo que estaba haciendo. Deseaba explorar el mercado hispano de la motivación y dedicar más tiempo a escribir. Para ello se requería que dejara mi incómoda *zona cómoda* y me lanzara a lo desconocido. El dinosaurio pataleteó, me gritó, me dijo que estaba loco, que cómo era posible que dejara los ingresos que estaba teniendo para quedarme sin nada, que lo que se tiene no se suelta hasta que aparece algo mejor, en fin, ¡qué no me dijo! Yo lo escuché, le di las gracias por su buen trabajo; finalmente, lo mandé al carajo e hice lo que decía mi corazón. Este libro que estás leyendo, un programa diario de tres horas en televisión, un programa diario de radio en las tardes, éxito en funciones teatrales con el grupo de sátira Los Rayos Gamma, la publicación de un libro de ensayos titulado *El humor nuestro de cada día* y sentirme feliz fueron el resultado de haberme salido de mi *zona cómoda.*

Es en la incomodidad donde podemos pintar el futuro que nunca hemos sido capaces de crear ni imaginar. Es desde ahí donde podemos experimentar el gozo y la alegría de hacer aquello en lo que nuestro talento especial se puede manifestar a plenitud.

Lucir bien

Los de temperamento sanguíneo, aquellas personas amantes de pasarlo bien, a las que les encanta llamar la atención y necesitan que se las reconozca —y que además son capaces de sacrificar el éxito profesional por experimentar nuevas cosas—, a las que les encanta hablar y tener buenas relaciones con todo el mundo, son muy propensos a comprarle el discurso del *lucir bien* a su dinosaurio. Una de las formas de lucir bien es ostentar y poseer cosas que los definan como exitosos. El dinosaurio ha sido muy efectivo en hacerles creer a los simpáticos sanguíneos que hay que *tener* cosas para luego *hacer* aquello que nos gusta y, finalmente, *ser* quienes siempre hemos querido ser. Nuestra verdadera esencia, sin embargo, invierte el orden y nos dice que *ser* es lo primero, que luego podemos *hacer* y finalmente *tenemos* lo que hemos deseado.

Quizás te ha sucedido lo siguiente: le has mostrado a alguien una fotografía de cuando eras bebé y te ha dicho: "¡Qué lindo eras! Oye, ¿qué te ha pasado?" Lo cierto es que al mirar una foto de cuando éramos niños nos damos cuenta de que algo hemos perdido en el camino.

¿Por qué a todo el mundo le encantan los niños? Porque son auténticos, hacen lo que sienten y sienten lo que hacen. No están preocupados por el lucir bien. Cuando el pañal está húmedo o sucio, lloran con todas las fuerzas de su espíritu, gritan a los cuatro vientos, sin importarles que alguien piense que son unos gritones o unos malcriados. Si alguien les regala un hermoso juguete, pero a ellos lo que les llama la atención es una colilla de cigarrillo que está tirada en el piso, no se ponen a disimular que les gusta el juguete por lucir bien ante quien les hizo el regalo, sino que, por el contrario, se van directitos a la colilla de cigarrillo hasta que alguien se las quita.

Desde niños, con los cuentos de hadas, se nos enseñó que una vez le llegara el príncipe azul a la sufrida princesita, ésta viviría en un fabuloso palacio y de ahí en adelante sería feliz para el resto de su vida. En ningún cuento de hadas, que recuerde yo, se habla de un divorcio entre princesas y príncipes. En el caso de la princesita, *tener* al príncipe era lo primero, luego vendría el *hacer*, o sea, casarse con él, y, por último, vendría el *ser* feliz.

Esta historia de hadas nos la siguen vendiendo día a día a través de la publicidad en los medios de comunicación. Hay íconos del *tener* que, según la publicidad, nos llevan a *ser*. Si tienes un Mercedes Benz, eres rico. Si tienes un anillo, eres casada. Si tienes una placa de policía, eres una persona de autoridad. Si tienes una bandera de tu país frente a tu casa, eres patriota. Si tomas la bebida tal, las mujeres correrán donde ti. Si fumas Marlboro, eres un hombre viril. Si tomas Viagra, eres un hombre sin preocupaciones en la cama. Si te tomas la bebida tal, más fumas Marlboro y tomas una Viagra, ni se diga. En publicidad se gastan decenas de millones de dólares anualmente para probarnos, con la complicidad del dinosaurio, que *tener* viene primero que *ser*. Luego, puede suceder que compremos un Mercedes y la deuda nos asfixie, que el estar casados no es sinónimo de estar feliz, que, si tomamos en exceso, nos emborrachamos; que, si fumamos, nos puede dar cáncer, y que, con la Viagra se nos puede subir la presión. Entonces nos llega el otro tipo de *ser*: ser infeliz.

El *tengo*, luego *hago*, y después *soy*, además de un cuento de hadas que nos tiene embobados y produce tragedias todos los días, es una de las formas que usa el dinosaurio para mantenernos en el *lucir bien*. El orden no es: *tengo* una casa, *hago* una vida cómoda y *soy feliz*. Es, *soy* amoroso, *actúo* amorosamente y *tengo* amor en mi vida.

Muchos saben lo que tienen, pero no saben quiénes son. Sus archivos sobre las propiedades que poseen están al día, pero ni la esposa ni sus hijos saben nada de su ser. Nuestra especie es superior a la de los dinosaurios porque somos *seres* humanos. El *ser* es lo primero. El dino nos hace creer que, en vez de *seres humanos*, somos *tengos humanos* y de esa manera nos mantiene en el ajoro diario del *hacer* para *tener*. Por lo tanto, se nos olvida el *ser*: "Estoy *haciendo* tres trabajos distintos para *tener* el dinero suficiente para comprarme una casa y allí *ser* feliz con mi familia." No estamos diciendo que trabajar para tener la casa de nuestros sueños sea malo. Lo único malo es invertir el orden de las cosas. Si ya *somos* felices antes de *tener* la casa, cuando la tengamos, nos la vamos a disfrutar más aún.

43

La imagen y el lucir bien

Desde niños aprendemos que, si queremos ser aceptados, tenemos que complacer a nuestros padres, abuelos, tíos, amigos de la familia, hermanos mayores, y así empezamos a construir una imagen aceptable para cada uno de nuestros domesticadores. Y ahí se inserta el dinosaurio, como el mantenedor oficial de nuestra imagen, nuestro asesor personal en relaciones públicas, nuestro arquitecto en ser lo que creemos que otros quieren que seamos.

El problema es cuando el dinosaurio nos convence de que somos la imagen que nos hemos creado. Sucede que cuando se repite y se repite una mentira llega el momento en que hasta uno mismo se la cree.

Recuerdo un día en que iba con mi ropa de ejercicios camino al gimnasio de mi hijo Carlos Javier, que queda en la calle principal del Viejo San Juan. Entré en una farmacia que queda en ruta, a comprar una revista para leerla mientras corría en la bicicleta estática. Al entrar en la farmacia, tropecé y caí al piso dándome con un anaquel en la cabeza. Mi primera reacción fue llevarme la mano a la cabeza para ver si tenía una herida. Pero el dinosaurio me susurró que primero mirara a ver si alguien me había visto hacer el ridículo al caerme de la forma en que me había caído. "No se supone que los artistas de televisión anden cayéndose por ahí en lugares públicos", me dijo el dino. "Primero es tu imagen que tu salud", concluyó. Así que miré alrededor, y me topé con la mirada preocupada del gerente de la farmacia que me preguntó si me había hecho daño. El dinosaurio me susurró de inmediato que tenía que lucir bien, que dijera que estaba en perfectas condiciones, que no me había pasado nada, aunque sentía un calentón en la cabeza y me dolía una rodilla. Así lo hice. Me puse de pie con la mayor dignidad posible y seguí hacia el escaparate de las revistas como si nada hubiera sucedido. Pagué la revista, salí de la farmacia elegantemente y no fue hasta que llegué al baño del gimnasio, donde nadie me estaba viendo, que dejé salir un grito de dolor. Me llevé la mano a la cabeza y descubrí un buen chichón; también había sangre en la rodilla pelada. Estaba adolorido pero, gracias a mi dinosaurio, no lucí mal y mi imagen de artista al que no le pasan estas cosas no quedó tan magullada como la rodilla. ¿Ven cuán tontos podemos ser por lucir bien?

El dinosaurio nos diseña una imagen para cada ambiente en el que interactuamos. Nos convertimos en unos expertos camaleones. En el trabajo es el jefe serio e intolerante al que la secretaria le tiene terror. Pero en la casa es el hombre sumiso a quien no le gusta tomar decisiones y a quien la esposa trata como a uno más de sus hijos. Con los amigos de la universidad es el bebedor y mujeriego que a cada rato tiene una aventura amorosa. Pero en el golf, es el hombre de negocios preocupado por los asuntos económicos del País. Y así la imagen nos permite sobrevivir. Porque no se olviden de que eso es lo que quiere el dinosaurio, que sobrevivamos.

Colectivamente, los destinos de nuestros pueblos se deciden en las reuniones de los publicistas que construyen las imágenes de los políticos por los que votamos. Los medios de comunicación son vitrinas donde se muestran las imágenes de las personalidades públicas. Pero cuanto más imágenes falsas construimos a nuestro alrededor, más necesidad hay de autenticidad.

El ser humano es feliz y bello por naturaleza, y su felicidad y belleza se pueden manifestar sin esfuerzo alguno. Pero el dinosaurio nos ha convencido de lucir bien a como dé lugar porque, de lo contrario, según él, se manifestará lo que no queremos que se sepa. Este proceso lo describe muy bien don Miguel Ruiz en su libro *La maestría del amor,* cuando nos dice: "Aprendemos a fingir que somos lo que no somos y perseveramos en ser otra persona con la única finalidad de ser lo suficientemente buenos para mamá, papá, el profesor, nuestra religión o quienquiera que sea. Y con este fin practicamos incansablemente hasta que nos convertimos en maestros de ser lo que no somos".

El maestro Osho, en su *Libro del Hara* nos dice: "El hombre no es lo que aparenta ser, es exactamente lo contrario. Por dentro es una cosa y por fuera es otra. Y está bien engañar a los demás con lo que has puesto en tu exterior, pero el problema es cuando te engañas a ti mismo. Te engañas porque realmente crees que eres la imagen que ven los demás. Te ves a través de los ojos de los demás, nunca te ves directamente como eres, lo que realmente eres."

Mientras mayor diferencia hay entre nuestro verdadero ser y la imagen externa que de nosotros hemos construido, menos paz interior tenemos, más infelices somos y el dinosaurio canta victoria con mayor entusiasmo.

Tener la razón

A la gente con estilo de personalidad analítica, también conocidos como melancólicos, el dinosaurio les dice que no hay nada más importante que vivir "por el libro". El dinosaurio se aprovecha de que estas personas crecieron con la necesidad de actuar perfectamente para no ser blanco de alguna crítica o regaño. Por eso, para ellos es sumamente importante tener siempre ela razón. A los coléricos también les encanta imponer sus ideas y ganar cualquier discusión, sobre el tema que sea.

¿Cuántos enojos entre familiares, amigos y personas que se aman surgen de la maldita necesidad de tener la razón? Tan pronto surge una situación, discusión o algún argumento donde haya ideas encontradas, el dinosaurio salta a nuestra esquina para decirnos: "Voy a ti, dale duro, no te rindas, oféndelo si tienes que ofenderlo, pero no te dejes ganar, echa pa' lante". Y de pronto, por una tontería, reproducimos una batalla campal entre dinosaurios. Sí, porque del otro lado, los dinosaurios respectivos también han tomado posición y la lucha es encarnizada.

Hay personas que prefieren *tener la razón* a ser amados, *tener la razón* a tener empleo, *tener la razón* a estar sanos y *tener la razón* a tener dinero y ser exitosos. Ves a este tipo de persona en las reuniones familiares buscando la forma de que la discusión se desate, guardando en los archivos que el dinosaurio cuida con tanto celo lo que aquél dijo del tema tal para, cuando consiga la prueba de que se equivocó, estrujárselo en la cara.

Creencias frente a *hechos*

Al dino, como parte de su estrategia para mantenernos *en lo correcto,* le encanta que confundamos las *creencias* con los *hechos.* La noche y el día son un hecho. La muerte es otro hecho. Siempre ocurre, lo queramos o no. Lo que es bueno y lo que es malo es una creencia. El problema es cuando damos por hecho lo que creemos. Para muchas mujeres es un hecho que todos los hombres son malos. Lo que logra esa creencia es que atraigan a hombres que confirmen lo que ellas dan por un hecho. Que los políticos son mentirosos y corruptos es otra creencia, aunque a veces parezca un hecho.

Por equiparar las creencias con los hechos mucha gente comete graves errores y muchas naciones han vivido desgracias colectivas. En los negocios, algunos creen que siempre hay uno que gana y otro que pierde. Obviamente, los negocios que harán los manejarán basándose en esa creencia y siempre alguien va a perder. Nunca experimentarán el beneficio de una relación de negocios donde ambos ganen.

La creencia de que una raza es superior a otra se convirtió en un hecho para los nazis. La desgracia que esta creencia le trajo a la humanidad no necesita explicación ni comentario.

La creencia que más nos afecta es la que el dinosaurio ha construido alrededor de nosotros mismos. No podemos olvidar que su interés es que no nos disfrutemos la vida. Por lo tanto, nos ha hecho creer, con la ayuda de nuestros padres, algunos maestros, la prensa, los anuncios de televisión y otros aliados, que no valemos, que no podemos realizar nuestros sueños, que no merecemos ser amados, que no tenemos derecho a ser felices y, mucho menos, a disfrutar de esa felicidad. Por eso, nos afecta tanto cuando alguna persona nos dice algo que hace contacto con esa creencia que tenemos de nosotros mismos. Si no hiciera contacto con una creencia interna, no nos afectaría. "¡So irresponsable!", nos podría decir el jefe. Si de alguna forma no creyéramos que tiene razón, no nos afectaría su comentario. ¿A cuántos nos molestaría que nos llamaran marcianos? A nadie, porque estamos seguros de que no los somos. ¿A cuántos nos molesta que nos digan feos, ineptos, perdedores, brutos o inadecuados? A todos, porque de alguna forma le hemos comprado tal creencia a nuestro dinosaurio.

Cuando tenemos baja autoestima, cuando nos ponemos tristes, cuando nos frustramos, cuando nos sentimos solos y pensamos que nadie nos quiere es porque el mensaje del dinosaurio está penetrando sin interferencias. Nos está pasando la bola por el mismo centro del plato. Pero, por suerte, tan pronto empezamos a diferenciar la voz del dinosaurio de la de nuestro verdadero ser, las creencias comienzan a cambiar. Para ello se necesita mucha introspección y compromiso con nuestra transformación.

No podemos cambiar los hechos, pero sí, las creencias. Cambiar creencias que no funcionan por unas que sí funcionen es comenzar a liberarse del dominio del dinosaurio. El Dr. Bruce Lipton, de la Universidad de Stanford, ha demostrado científicamente cómo las creencias controlan hasta nuestros sistemas biológicos. A las personas con baja autoestima les bajan las defensas del sistema inmunológico y son propensas a más enfermedades.

Para ayudarnos a tener la razón, el dinosaurio nos suple historias, excusas y razones. El fracasado, por *tener la razón,* prefiere dar veinte mil excusas, antes de reconocer que sus resultados en la vida hablan por sí solos. En mis libros de *Humortivación* expliqué la fórmula del éxito:

Resultados positivos = pensamientos positivos + acciones positivas.

El dinosaurio nos enseña que, aunque no tengamos los resultados que esperamos, podemos tener la razón y lucir bien si inventamos una buena excusa, damos una buena razón y lo tejemos todo con una historia dramática. En uno de los tantos programas de televisión que he realizado, había un compañero talentosísimo que, cada vez que llegaba tarde a un ensayo, traía como excusa una historia que, en muchas ocasiones, superaba en creatividad la historia o paso de comedia que íbamos a escenificar. Demás está decir que ese compañero nunca ha tenido el éxito que su talento se merece. Pero excusas le sobran. La pregunta que nos tenemos que contestar es: ¿Qué es preferible, resultados positivos o buenas excusas?

Tener la razón es una de las formas más efectivas que nuestro dinosaurio utiliza para controlarnos y mantenernos infelices... pero con la razón. ¿No son las guerras producto de la obsesión que tienen los líderes de las naciones por *tener la razón*? El *tener la razón* colectivo ha producido muchas calamidades que nos demuestran que *tener la razón* no es lo más razonable que podemos hacer.

Evitar el dolor

Las personas de personalidad flemática, esto es, sensitivas, cariñosas, pacientes y punto de apoyo de todo el que sufre, son blanco fácil para que el dinosaurio las mantenga dedicadas a evitar el dolor a toda costa. A los flemáticos el dinosaurio se nos presenta como el mejor amigo cada vez que nos induce a que evitemos el dolor. ¿Quién no agradece que alguien evite que uno sienta dolor?

Y para evitar el dolor, el dino nos anuncia el producto de más venta en la sociedad moderna: Dinotap. *"¿Tiene usted sueños que no ha podido realizar? ¿Sus resultados en la vida no son muy agradables que digamos? Pues tome Dinotap, que le brinda alivio temporal a todas sus frustraciones. Con Dino-*

tap podrá olvidar, entre otras cosas, esa relación que no funcionó, el trabajo del cual lo echaron, las metas no alcanzadas y los sueños que tanta energía le consumen día a día. Tome Dinotap y obtendrá, en un dos por tres, el alivio inmediato que dan las excusas, las razones y las justificaciones. Puede tomar Dinotap cuantas veces lo necesite en el día. Dinotap, un producto de Losers Laboratories."

Para evitar el dolor, el dinosaurio anda con un botiquín repleto de alivios temporales. Para unos, puede ser mentir y, para otros, la adicción al alcohol, a las drogas, al sexo o a la compañía de alguien. Las excusas, las justificaciones, las razones, o cualquier cosa que evite que nos enfrentemos con las causas reales de lo que no nos está funcionado, siempre son un alivio temporero ante el dolor. Pero la bestia no nos dice que toda medicina tiene algún efecto secundario. Dinotap nos da alivio temporal, pero produce dolor a largo plazo. Lo que posponemos, y no resolvemos hoy, se nos complica mañana y, cuanto más pasa el tiempo, peor se pone la cosa.

Nuestra imagen es una coraza que nos produce alivio temporal y dolor a largo plazo. Pepe el bueno, Rosa la sabrosa, Juan el sabelotodo, Amanda la santa, Luis el alegre, Ada la sacrificada y Hernán el *macho man* son tretas del dinosaurio para que no nos disfrutemos quiénes somos realmente. De esa forma nos mantiene en la supervivencia.

El dolor y el crecimiento

Desde el momento en que nacemos nos enfrentamos al dolor, pero también aprendemos que el dolor es parte del proceso de crecimiento. Miremos con humor todo lo que pasamos al nacer. El bebé ha estado tranquilito, flotando en el vientre de la mamá, comiendo de lo que ella come, tomando de lo que ella toma, chupándose el dedito de vez en cuando, sin preocupación alguna, hasta que un buen día (casi siempre ocurre a tempranas horas de la madrugada) siente como un temblor de tierra: ¡han comenzado las contracciones! El bebé se siente apretado... empujado... apretado... empujado... empujado... empujado... como si lo estuvieran desahuciando del lugar en el que ya estaba acostumbrado a vivir. Afuera siente gritos y un corre y corre. No lo sabe, pero en unos minutos ya va en un auto a gran velocidad rumbo al hospital.

Los empujones continúan intensificándose, mientras la mamá ya está acostada sobre una cama rodante que se mueve por unos pasillos. El bebé, por su parte, se siente como si estuviera en la piscina de un crucero que está pasando por aguas turbulentas. El corre y corre sigue y al poco rato siente que le están obligando a salir por un lugar bien angosto, oscuro e incómodo. Para poder lograrlo, tiene que dar una especie de salto mortal para quedar de cabeza hacia la apertura. Cuando está a punto de salir, ve cómo una enorme mano se mete por el hueco en cuestión y una persona que él no conoce, con una mascarilla azul en la cara, le da la bienvenida al mundo agarrándolo por la cabeza y halándolo como si estuviera tratando de encender el motor de una cortadora de grama. Después de varios halones, este enmascarado azul logra por fin sacarlo de donde ha estado por los últimos nueve meses.

Del ambiente cálido y de penumbra en el vientre de Mamá, el bebé llega de pronto a una sala de parto que está extremadamente fría e iluminada como un *ring* de boxeo. Muy pronto la preocupación por la temperatura tan fría pasa a un segundo plano ante una nueva amenaza. El enmascarado azul tiene ahora en las manos unas tijeras -por cierto, mucho más frías que el salón- y de un tijerazo, logra cortarle al bebé la conexión con su madre que tanta vida le transmitió. Ésta se oye en un segundo plano gritando: "¡Déjenme verlo! ¿Está sano? ¿No le falta una oreja? ¿Ya respiró?" Nadie le da a la madre la información que pide, y que el bebé también quiere conocer. Por eso, confundido, el bebé llora. Tan pronto llora, se oyen unos aplausos y unas felicitaciones. El bebé está más confundido aún. "¿Me aplauden por llorar?" Tal vez ahí comienza a gestarse en nuestra mente la idea de que en esta sociedad es bueno ser víctima, que cuanto más lloremos, más se nos aplaude.

Pero la cosa no termina ahí. Ponen al bebé sobre una mesa y entonces se une al equipo de torturadores una señora vestida de blanco que también tiene una mascarilla puesta -parece que teme que de adulto, el niño pueda tomar represalias contra ella y su compañero de fechorías-. La señora comienza a limpiarlo como si fuera un mecánico limpiando el carburador de un auto, mientras el señor empieza a meterle un succionador por la nariz, sin compasión alguna. El niño siente que, si se descuida, le pueden succionar el cerebro en el proceso. Por fin, unos minutos después, termina la tortura y lo dejan descansar sobre el vientre de la madre para que lo lacte.

Pero la felicidad es corta; al poco rato lo vuelven a sacar del lugar cómodo en el que está pegadito a su madre y lo colocan en una cajita transparente que está en un salón tan frío como el anterior. Allí le darán una leche que ha sido confeccionada en un laboratorio y que en nada se parece a la que empezó a tomar cuando lo pusieron sobre el pecho de la mamá. Poco después, comenzarán a desfilar frente a la cajita transparente personas extrañas que le harán todo tipo de muecas para que se ría. "¿Pero quién rayos va a reírse después de un recibimiento así?" Para colmo, complementarán las muecas con comentarios tan bonitos como: "¡Mira, sacó la nariz grande como la madre!" o "Huy ¡qué arrugado está, parece un perrito chino!", "¡Es cagaíto al pai!" Gracias a que muchas madres lactan a su bebé cada dos horas, el dinosaurio no se aprovecha de este turbulento arranque para apoderarse totalmente del niño al poco rato de nacer.

Hace más de un año viví la experiencia maravillosa de convertirme en abuelo por primera vez y de participar del parto de mi hija Mariem. Ella decidió que lo haría en su casa, con una partera, en compañía de sus seres queridos. Aunque el parto duró cuarenta y tres largas horas, el amor y apoyo que recibió de la familia allí presente y de los amigos que llenaron la esquina de la calle de en frente, deben haberle aminorado a Marcel el trauma doloroso de tener que nacer en un frío hospital.

En los primeros meses de vida el bebé conoce lo que es controlar. Con un simple gemido se moviliza todo el mundo. Si en la sala hay una conversación amena, el bebé sabe que con un pequeño ataque de tos acabará con la conversación y toda la atención se centrará en él. La mamá come cuando él decide. Si quiere que lo lleven al pediatra, con dejar de evacuar por dos días lo logrará. Pero no hay nada que le produzca más placer que mantenerse despierto toda la noche, viendo a sus padres cabeceando al lado de la cuna para luego dormir plácidamente durante las horas del día cuando los papás tienen cosas que hacer.

De los dos años en adelante, el niño se nos convierte en un dinosaurito que aterroriza a padres, hermanos y a quienes se dedican a cuidarlo. Obviamente eso es desde nuestro punto de vista.

Desde el punto de vista del niño la cosa es diferente. Lleva dos años dependiendo totalmente de otros para todo y de pronto, comienza a sentir independencia motora, a ser capaz de tocar y moverse sin depender de nadie. Y precisamente cuando empieza a disfrutar de esta independencia, también comienza a escuchar la odiosa palabra NO. "NO te subas ahí, NO toques eso, NO te metas eso en la boca. ¡NO, NO y NO!" Y el dinosaurio aprovecha para sembrar la semilla de rebeldía en el infante, que siente que su libertad de tocar una hornilla caliente, tirarse en la parte honda de una piscina, meter los dedos en el interruptor de corriente, cruzar la calle con tránsito y comerse la comida del perro, es seriamente restringida.

El niño siempre está jugando, descubriendo, experimentando, concentrado en el momento presente. Uno no ve a un bebé con cara de tristeza recordando lo injusto que fue el médico al tratar de sacarle el cerebro por la nariz a los pocos segundos de haber nacido. Tampoco lo va a ver con el ceño fruncido preocupado por el próximo biberón. Se ríe si tiene deseos de reír, y llora si tiene deseos de llorar. Ése es nuestro estado natural, nuestra verdadera esencia. Por eso cuando de adultos reímos, jugamos, brincoteamos, nos aventuramos y nos divertimos, nos sentimos tan bien. Porque entramos en contacto con nuestro verdadero ser.

El problema es que los padres, ya dominados por el dinosaurio que llevamos dentro, queremos que los niños sean como nosotros. Odiamos ser ingenieros, pero ¡qué orgullosos nos sentimos cuando nuestros hijos van a estudiar ingeniería a la misma universidad donde estudiamos! A fin de cuentas, les enseñamos a nuestros hijos a ver la vida como nosotros la vemos. Si siguen nuestras instrucciones, los premiamos; si no, los castigamos. Con el "No hagas esto", "¡Cuidado!",

"Eso no se dice", "Cállate la boca, que los niños hablan cuando las gallinas mean", y otras barbaridades, vamos domesticando al niño y activando al dinosaurito que lleva dentro, manteniendo así su dominio de generación en generación.

La sobrevivencia, que es el trauma que los dinosaurios tuvieron, nos lo han pasado a nosotros y se ha convertido en la jaula dentro de la cual nos tienen encerrados. Mientras hacemos lo indecible por lucir bien, nos esforzamos por tener la razón, nos mantenemos en control y evitamos el dolor, no vivimos, simplemente sobrevivimos... como ellos.

Y hablando de sobrevivencia, te felicito, pues has sobrevivido los intentos del dinosaurio para evitar que sigas leyendo este libro con el que aprenderás a domesticarlo. Ya has llegado a la mitad y estás a punto de entrar en la segunda parte, donde descubrirás la metodología para lograrlo.

Segunda Parte:
DOMESTICANDO EL DINOSAURIO

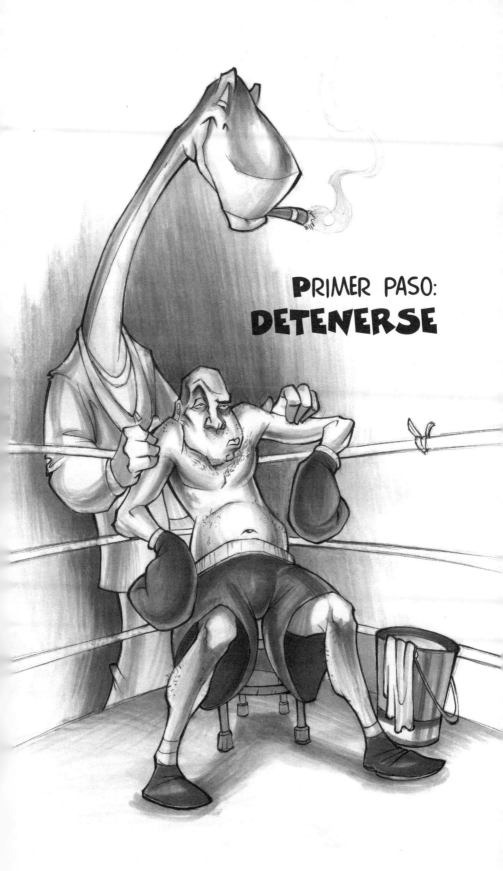

PRIMER PASO:
DETENERSE

COMO dijimos anteriormente, el dinosaurio nos mantiene montados en una montaña rusa para *hacer* cosas que nos ayuden a *tener* lo que finalmente nos haga *ser*. Pero ya aprendimos que ése no es el orden que nos hace felices. Hay que *ser* primero, para después *hacer* y finalmente *tener*.

Montémonos momentáneamente en esa montaña rusa diaria. Nos levantamos en la mañana, gracias a una alarma que nos mantiene alarmados todo el día, pues, a pesar de ésta, es tarde. Y es tarde hasta para ir a lavarnos la cara y la boca pero, de todas formas hay que hacerlo, porque si no, no podemos darle un beso a nuestra pareja, a quien, ciertamente, no se lo daremos, sino que se lo tiraremos mientras corremos al clóset, donde metemos la mano y nos ponemos lo primero que agarramos, que, de hecho, nos queda bastante apretado, porque hemos engordado debido a que no tenemos tiempo para ir al gimnasio. Pero lo mejor es no pensar en eso, pues los nenes ya están listos para que los llevemos a la escuela, que es la escuela que podemos pagar con el dinero que ganamos. Pero, cuando tengamos más dinero estarán en una que sea mejor, y que, por supuesto, costará más. Por lo tanto, habrá que buscarse otro trabajo por las tardes, a tiempo parcial, lo que, definitivamente, nos quitará tiempo que no tenemos, pero no hay tiempo para pensar en eso. Ahora es mejor ir calentando el carro, ya que últimamente tarda un poco en el encendido, mas no importa, pues cuando ganemos más dinero, nos compraremos otro, que añadirá un pagaré más a las deudas que ya tenemos, pero saldaremos esas deudas tan pronto tengamos un tercer empleo, de medianoche a la madrugada, lo que reducirá nuestras horas de sueño a dos horas, eso es si no nos desvelamos por la preocupación de las deudas.

"¡Niños! tráiganse el desayuno y se lo comen en el carro, que vamos tarde y nos va a tocar el ataponamiento de tránsito de todos los días", en el que ya conocemos los peinados y hasta la ropa que usan los que vienen en dirección contraria y las placas de los autos de enfrente. Por cierto, hoy el que va al frente usualmente va detrás de nosotros, lo que quiere decir que vamos unos treinta segundos tarde, que se convertirán en media hora luego de que dejemos a los niños en la escuela. Sólo les diremos adiós y no les daremos un beso, pues no hay tiempo para besar porque, si los besamos, van a llegar tarde. Y mientras ellos corren por el pasillo de la escuela, también corremos para tratar de tomar el expreso, que realmente no es expreso, porque parece diseñado expresamente para ponerle a uno los pelos de punta, ya que los carros no se mueven y, si no se mueven, llegaremos tarde al trabajo una vez más, lo que puede provocar que nos boten, y si nos botan, entonces no podremos pagar las deudas y tendremos que sacar a los nenes del colegio privado y mandarlos a una escuela pública y...

¡Ay qué bueno! los carros se están moviendo y parece que vamos a llegar a tiempo, para así tener tiempo de perder el tiempo leyendo el periódico que nos dice que el País está de mal en peor, lo que nos hace sentir bien, pues "mal de muchos, consuelo de pocos", aunque precisamente son los problemas del País junto a los nuestros los que no nos permiten concentrarnos en el trabajo. Corre el tiempo y nos damos cuenta de que ya es el momento de tomarse el *break* de café, el que vamos a aprovechar para hacer una llamada al banco, a ver si nos aprobaron el préstamo que pedimos, con el que vamos a bajar un poco la cuenta de la tarjeta de crédito, que es una forma de gastar el dinero que no tenemos, comprando cosas que no necesitamos, para impresionar a gente que nos cae mal. Ya después del *break*, vamos a trabajar duro para sacar unas propuestas que tienen que estar para hoy antes de las cinco de la tarde, pero, tan pronto estamos tomando el ritmo de trabajo, ya es hora de almorzar. Nos comeremos un sándwich, que no nos debiéramos comer porque debemos rebajar, pero eso de rebajar lo dejamos para cuando tengamos más tiempo. De hecho, ya se nos acabó el tiempo del almuerzo y ahora nos entrará un sueño con el que vamos a estar como si fuéramos pollitos picando maíz hasta las tres de la tarde, que es la hora del otro *break,* en el que podremos tomarnos un café que nos despierte y así poder terminar lo de las propuestas que tenemos que entregar a las cinco, aunque, siendo realistas, tal vez debiéramos hablar con el jefe, pues las propuestas no estarán a tiempo, y además, no queremos ajorarnos más de lo que estamos, y mucho menos por lo poco que nos pagan, por eso estamos felices cuando vemos que son las cinco menos cinco. Salimos corriendo del trabajo para ver si agarramos el tapón de tránsito antes que los demás; y, efectivamente, lo logramos pues el que iba delante de nosotros por la mañana ahora va dos carros detrás, a la señora que iba con peinado nuevo esta mañana ya se le cayó y volvió a verse como la bruja de siempre y, en lo que los carros se mueven, volvemos a escuchar las noticias del día, que son más o menos las mismas de la mañana, pero disfrazadas con una que otra palabra, aun así nos hacen sentir bien, porque no somos los únicos que estamos mal, sino el mundo entero. Escuchando noticias negativas que nos consuelan, llegamos a la casa y la mujer nos da un beso que no completa, pues se le está quemando el arroz, los nenes nos dicen *hola* sin despegar la vista del juego de Nintendo, y nos alegramos, pues así nos dejan ver las noticias por televisión, en la que veremos lo que ya escuchamos por radio y donde nos vuelven a reafirmar que todo el mundo está tan jodío como nosotros y... nos quedamos dormidos viendo las noticias. Despertamos con el grito de que la comida ya está lista, y nos vamos a la mesa, pero no así los nenes, que se llevan sus platos al cuarto para seguir jugando Nintendo, lo que no nos gusta, pues entonces nos quedamos solos con la mujer y no sabemos ni qué hablar, pues ella sacará el tema de la necesidad de dinero, y de eso no queremos hablar. Y menos queremos hablar de que la relación no está bien, pero cómo va a estar bien con este ajoro de vida que llevamos, así que lo mejor es hablar de las mismas noticias que oímos por radio, leímos en el periódico y vimos por televisión y así llenar el tiempo hasta que nos vamos a bañar para acostarnos a ver la parte del periódico que no terminamos de ver por la mañana. Y así nos quedamos dormidos leyendo las tragedias que pasan en el mundo, para levantarnos a hacer lo mismo, lo mismo, lo mismo, lo mismo, lo mismo...

Díganme si es cierto o no que hay que hacer una pausa en este agite. ¡Ésa es la vida que el dinosaurio quiere que vivamos! Él está encantado de la vida y nosotros, fastidiados. No en balde el estrés está matando a medio mundo. El estrés primitivo fue diseñado para que reaccionáramos al peligro. Se nos sube la adrenalina y el corazón bombea más sangre. El estrés moderno mantiene el cuerpo en ese nivel de alerta y eso le hace daño al cuerpo y a la mente. Hay gente que dice que el estrés es normal y acepta que trabaja mejor bajo estrés. Eso es una barbaridad que el dino celebra como un gran triunfo de su gestión. Vivimos en el carril de pasar, en un mundo donde lo más rápido siempre es mejor, el mundo de los "fast foods" y el control remoto. Si queremos domesticar nuestro dinosaurio, tenemos que salirnos del expreso y tomar la ruta panorámica, donde hay que hacer una pausa para la observación.

No podemos detenernos mientras tengamos el constante agite mental que nos agobia. La mente nunca está quieta y el dino se aprovecha de eso. Por lo tanto, aquietar la mente debilita tu dinosaurio y por eso es el primer paso para su domesticación. Decía el Buda que "la mente es un mono inquieto, saltando de rama en rama, en busca de frutos por toda una selva interminable de sucesos condicionados".

Ramiro Calle, quien ha escrito más de ochenta obras sobre meditación, relajación y educación mental, dice en su libro *Serenar la mente* que "lo mejor y lo peor surge de la mente. La mente puede ser un jardín o un estercolero; originar integración o esquizofrenia, amar u odiar". Y yo añado que lo primero se da si tu verdadero ser está al comando y lo segundo, si el dinosaurio está en control. Don Ramiro, *sin querer queriendo,* hace referencia al dinosaurio cuando dice que "en la mente se encuentra agazapado el enemigo interior".

El maestro Osho en *El libro del Hara* compara la mente con una colmena de abejas ajetreadas: pensamientos y más pensamientos dando vueltas y vueltas. Y nos dice: "es absolutamente necesario que te liberes de ese fluir constante de pensamientos. Tener pensamientos y más pensamientos dando vueltas no es una señal de salud, es señal de una mente enferma".

Yo veo la mente como un radio que es capaz de recibir cientos de estaciones en distintas frecuencias. Apagar ese radio que es nuestra mente, por lo menos dos veces al día, nos conduce a un silencio interior donde la voz del dinosaurio se va apagando poco a poco. Empezamos a disfrutar entonces, también poco a poco, de nuestra verdadera esencia, que ni tan siquiera necesita manifestarse a través de una voz. Buscar ese silencio sanador es lo que mucha gente llama meditación.

Hacerlo es sencillo. Sacar el tiempo para hacerlo es lo complicado, porque el dinosaurio se inventa una excusa tras otra para que no saquemos ese ratito tan revitalizador para meditar.

Primero debemos buscar un lugar tranquilo. No tiene que ser una habitación con alfombra, velas, incienso y algún retrato de un gurú. Si eso nos ayuda a meditar, bien, pero una esquina de la casa o del patio, o en la oficina, también puede darnos esa tranquilidad.

Segundo, con los ojos cerrados, y tan cómodos como nos sea posible, debemos relajar la mente y el cuerpo. No es necesario ponerse con la cabeza para abajo y los pies para arriba o con las piernas más enredadas que un plato de espaguetis o acostarse en una cama de clavos. Si lo podemos hacer en posición de loto, perfecto, pero si sentados en una silla o acostados en el suelo nos funciona, perfecto también.

Durante todo el proceso es importante que respiremos adecuadamente. Debemos inhalar con la boca cerrada y exhalar de la misma forma, asegurándonos de dilatar y contraer el vientre lo más posible. La respiración debe ser rítmica, armoniosa, tranquila y profunda. Cuanto mejor respiremos, más rápido lograremos el proceso de relajación.

Nos vamos relajando, de abajo hacia arriba, o a la inversa, visualizando cómo los músculos de cada parte del cuerpo van soltándose poco a poco: los pies, las pantorrillas, los muslos, los glúteos, la espalda baja, la espalda media, los hombros, los brazos, el cuello, los músculos faciales y el cráneo. En el proceso, el dinosaurio echará a correr la máquina de audio y vídeo y estará tratando de proyectar imágenes que nos distraigan: la factura de energía eléctrica que no hemos pagado, la discusión más reciente con la pareja, la portada del periódico... Cuando el dinosaurio vea que no le estamos haciendo mucho caso, empezará a hacernos cosquillas en algún área del cuerpo o a susurrarnos: "eres un irresponsable, estás perdiendo valiosos momentos de tu vida en una ridiculez que le funciona a la gente del Oriente, pero no acá, en el Nuevo Mundo". Escuchémoslo sin pelear con él, es más, hay que sonreírle y seguir relajándonos. Dejemos que los pensamientos pasen como nubecitas empujadas por el viento. Relajar la mente es tremendamente difícil, pero si lo deseamos y tenemos la intención de hacerlo, se irá dando poco a poco.

Una vez relajados, empezaremos a escuchar con calma y en silencio cualquier sonido que percibamos. El viento, el acondicionador de aire, un pájaro, un carro que pasa, unas voces... Oyéndolo todo, sin analizarlo, en la más completa tranquilidad. Tan pronto empezamos a analizar –"hum, ese carro que pasó parece que tiene el carburador dañado"- dejamos de escuchar. No podemos hacer las dos cosas a la vez. O escuchamos, o analizamos y comentamos mentalmente. Por eso, las personas que hablan sin parar aprenden poco, porque mientras se habla no se escucha; y si no escuchamos, no aprendemos. Cuanto más escuchamos, más se va afinando la percepción y empezamos a escuchar sonidos que antes habrían pasado inadvertidos. Y, poco a poco, quizás no la primera vez que lo intentemos, ni la quinta, pero en algún momento, en nuestro interior irá surgiendo ese silencio sanador, se irá acallando la voz del dinosaurio y habremos dado el primer gran paso para su domesticación. A este silencio también se puede llegar observando fijamente la llama de una vela, una cascada de agua, una flor o cualquier cosa a la que seamos capaces de ponerle atención.

Hacer esto dos veces al día, por varios minutos, produce unos resultados muy positivos. Si lo extendemos a media o a una hora, entonces los resultados serán sorprendentes.

El maestro Osho dice que "la meditación es la forma de despertar la conciencia que hay en tu interior". En la medida en que vayamos despertando nuestra verdadera esencia, le iremos quitando poder al dinosaurio. Deepak Chopra en sus *Siete leyes espirituales del éxito* nos dice: "... deberías meditar por lo menos treinta minutos por la mañana y treinta minutos en la tarde. A través de la meditación aprenderás a experimentar el campo del silencio puro y la conciencia pura. En este campo de silencio puro está el campo de correlación infinita, el campo de poder de organización infinita, la base fundamental de la creación, donde todo está conectado con todo lo demás."

Pero aquietar la mente va más allá de meditar dos veces al día. Es vivir conscientes del momento presente. Eckhart Tolle, autor del libro *El poder del ahora*, dice que "no ser capaz de dejar de pensar es una calamidad terrible, pero no nos damos cuenta de ello porque casi todo el mundo está sufriéndola, así que se considera normal".

El dinosaurio no nos deja en silencio. Le teme a que nos conectemos con nuestra esencia creadora, con nuestro verdadero poder. Precisamente por eso, *detenerse* es el primer paso para su domesticación. El dino hará lo indecible para evitar que nos detengamos. Nos quiere corriendo, en automático. ¿Qué hacer tan pronto logramos detenernos y bajamos dramáticamente la velocidad a la que transitamos por la vida? Es el momento de comenzar a observar, sobre todo, a observarnos, a darnos cuenta de las características de ese dinosaurio que llevamos dentro.

SEGUNDO PASO:
OBSERVAR

DETENERSE, el primer paso para domesticar al dinosaurio, te permite aquietar la mente, parar la carrera loca de pensamientos y acciones y ocupar la posición del observador. Desde esa posición, con la mayor honestidad y objetividad posibles, veremos cómo se manifiesta el dinosaurio en nosotros. Desarrollaremos autoconciencia de cuál es nuestro tipo de dinosaurio. Para ello, tendremos que poner atención a las emociones, ya que éstas generan pensamientos que, a su vez, producen más emociones, algunas de las cuales utiliza el dinosaurio para sus propósitos malsanos. Posteriormente, nos daremos cuenta de una verdad liberadora: *No somos el dinosaurio que nos posee*. Aceptar esta verdad nos facilita la observación.

Observar es poner atención; no es juzgar, reprimir o reprender. Todo lo que reprimimos se oculta, toma más fuerza y se manifiesta en el momento en que menos lo esperamos. Si reprimimos nuestro dinosaurio, lo que hacemos es darle más poder. Observarlo nos permite conocerlo mejor, ver cuáles son sus triquiñuelas y su forma de manifestarse. Ese conocimiento nos llevará a domesticarlo y a restarle el poder que ejerce en nosotros.

La observación no se puede dar en ningún otro espacio que no sea en el momento presente, en *el ahora*. Para el dino lo importante es el pasado y el futuro, ya que es recordando el pasado, o anticipando el futuro, donde está el sufrimiento, arma preferida del dino para fastidiarnos la vida. *El ahora* es un terreno que él desconoce, donde su efectividad es nula. Conéctate con el momento presente y mira si eres capaz de experimentar sufrimiento. No es posible, a menos que sea dando un salto a algún evento del pasado o proyectándote a algo que te pueda pasar en el futuro, aunque ese pasado sea hace diez minutos, o ese futuro sean los próximos segundos.

Como el dinosaurio nos tiene tan acostumbrados al brincoteo entre el pasado y el futuro, se nos hace difícil ubicarnos en el *ahora*. Yo experimenté el *ahora* el día en que mis hijas me hicieron montar en una atracción de MGM Studios que consiste en un elevador que cae al vacío en. Mi dinosaurio me había ayudado desde niño a desarrollar un pánico a las alturas. Sucede que, cuando yo tenía unos siete años, me subí a un árbol para tumbar unas panas que mi mamá iba a cocinar para el almuerzo. Estando en el cogollo del árbol, a unos cuarenta pies de altura, se desató un ventarrón que movió aquel árbol como si fuera una hamaca. Yo me agarré de una rama para no caerme, como si fuera un monito indefenso, y estuve bamboleándome por la brisa como por unos diez minutos. Cuando el viento disminuyó, bajé del árbol, pálido, tembloroso, sudoroso y a merced de mi dinosaurio que, desde ese momento, se ha encargado de proyectarme esa película en la mente cada vez que me enfrento a las alturas. Por eso, cuando fui con mis hijas menores a Disney me negué, enérgicamente, a subirme a atracciones que conllevaran alturas y caídas abruptas. Pero un día decidí romper esa barrera, y las acompañé al famoso elevador del Hotel Hollywood. En todo el recorrido que hace el elevador hasta llegar al tope del edificio, el dinosaurio me estuvo hablando, recordándome mis miedos pasados y anticipando lo que venía. El estómago se me encogió, me sudaba todo el cuerpo, tenía un temblequeo increíble en las rodillas, y Andrea y Cecilia no paraban de reírse al verme tan asustado. De pronto, se abrió una ventana a través de la cual se veía una vista panorámica de la ciudad de Orlando. Al conectarme con el *ahora*, que era esa vista maravillosa que estaba ante mis ojos, me desconecté del miedo. Justo en el momento en que me estaba fijando en los detalles del paisaje, el elevador cayó abrup-

tamente. No sólo el cuerpo quedó en una especie de vacío, la mente también. El elevador subió tan abruptamente como cayó, y volvió a caer. Esto sucedió unas tres veces más. En todos esos segundos que duró la experiencia no hubo oportunidad de acordarme de nada del pasado ni de preocuparme por nada del futuro. Experimenté el *ahora* y entendí por qué a tantas personas les gusta tirarse en paracaídas, montarse en montañas rusas y hacer lo que yo hice.

Cuando experimentamos el *ahora*, el tiempo pasado y el futuro desaparecen y, por ende, la influencia del dinosaurio. Es el dinosaurio el que nos hace creer que todo tiempo pasado fue mejor, y que el fin justifica los medios. Sentirnos atormentados por algún problema que tuvimos es un claro indicio de que el dinosaurio está en acción. Es en ese momento que hay que conectarse con el *ahora*. Mira a tu alrededor y, sin evaluar o comparar, observa lo que ves, deja que tus sentidos capten a plenitud lo que les llega del ambiente: la brisa rozando tu piel, el calor o el frío interaccionando con la temperatura de tu cuerpo, los diversos colores y sus texturas, los olores distintos y los sabores que éstos evocan, niveles de sonidos, en fin, adéntrate en el *ahora* y detén la influencia del dino.

De la misma forma que, desde el *ahora*, nos hemos detenido a observar nuestro alrededor, debemos observar nuestras emociones. Las emociones tienen una función importantísima: son la mejor señal de que estamos vivos. Sentir dolor, miedo, alegría, tristeza o ira, es parte de nuestra naturaleza humana. Pero el dino, agazapado en la mente, captura esas emociones y las vira en contra nuestra.

Si perdemos un familiar, es natural que la pérdida nos produzca dolor y tristeza. El desapego a la presencia física de alguien que conocemos o amamos produce dolor. El período

de tristeza que lo sigue es un mecanismo natural para aquietarnos. Disminuir la actividad física y mental, algo que nos sucede cuando experimentamos tristeza, permite recuperarnos de ese dolor. Pero miren cómo el dinosaurio lo complica todo. La mejor forma de procesar la tristeza es dejándola manifestarse libremente, ya sea con el llanto o con las palabras. Pero el dino nos dice que hay que ser fuertes, que no se debe llorar y que no es apropiado dejar ver que estamos tristes. Entonces reprimimos esa tristeza y se puede convertir en depresión. El dinosaurio nos hace apegarnos, regodearnos y revolcarnos en el dolor. También nos anima a alimentar la tristeza, como cuando escuchamos canciones de tipo *corta venas*, o guardamos cosas que nos recuerdan la pérdida. Muchos de los boleros más famosos, de los que cantamos en bohemias, en la ducha o en el carro, parecen haber sido escritos por el dinosaurio, para sumirnos en la más profunda depresión.

Sentir miedo es un mecanismo para protegernos de peligros reales. Cuando nuestros receptores captan algo que puede ser peligroso, el sistema emocional protector ordena la segregación de una sustancia conocida como adrenalina, que hace que la pupila se dilate (para ver mejor en la oscuridad); que sudemos (para que nuestro cuerpo resbale si alguien intenta agarrarnos); que nos de taquicardia (para que el corazón bombee más oxígeno a aquellos músculos que lo necesiten para enfrentar el peligro); que temblemos (para enviar a otros un mensaje sin palabras de que algo malo está pasando); nos pongamos pálidos (para pasar desapercibidos) y tensemos los músculos (para atacar o huir).

Esta sensación de miedo dura muy poco, sólo lo necesario para que enfrentemos un peligro. El dino toma esa sensación de miedo y la alarga. La ansiedad, que le hace la vida imposible a tanta gente y produce tantas enfermedades, no es otra cosa que un miedo alargado que el dinosaurio ha proyectado al futuro. Sospecho que el dino también tiene que ver con esos miedos irracionales, conocidos como fobias, entre los que se encuentran el temor a hablar en público, a estar en un elevador, a volar en aviones, a la altura, a estar con gente, a conducir un auto, a las cucarachas, a las culebras y hasta a entablar relaciones con otras personas.

El dinosaurio también nos inhibe de manifestar positivamente la ira, esa fuerza interior que se genera cuando somos atacados o nos enfrentamos a la injusticia, y la almacena en forma de rencor, resentimiento y odio. Mucha gente canalizó positivamente y transformó en fuerza de voluntad, para hacer actos de desobediencia civil, la ira que les producía la injusta presencia de la Marina de los Estados Unidos para realizar prácticas de guerra en la pequeña isla de Vieques, al este de Puerto Rico. Estos actos, a la larga, lograron forzar la salida del cuerpo militar de la llamada Isla Nena. Pero el rencor, el resentimiento y el odio, lejos de producir resultados positivos, son responsables de mucha infelicidad y de muchas enfermedades terminales.

La alegría es la manifestación espontánea más natural de nuestro ser. Pero el dino nos apega a las cosas que pensamos que nos producen alegría: un carro, un bote, una casa lujosa, prendas, relaciones pasajeras, bebelatas, fiestas, etc. El miedo a no conseguir esas cosas que creemos que nos darán alegría nos provoca gran ansiedad.

El sufrimiento, mucho o poco, es un buen termómetro para indicar el control que tiene el dinosaurio sobre nuestras emociones. Cuanto más hayamos sufrido, más desconectados hemos estado del momento presente y más poder le hemos dado a este animalito. Cuando nos convertimos en observadores de nuestras emociones, descubrimos al dinosaurio en acción. Al observarlo, su poder disminuye y se facilita así su domesticación.

Cada ser humano siente y piensa de forma diferente. El dinosaurio, listo como es, se adapta a esa forma de sentir y pensar y se nos manifiesta de la forma que mejor funcione a sus propósitos. Nuestra observación va a llevarnos a identificar unas cuantas especies de estos animalejos que muchos creen prehistóricos, pero que aún viven entre nosotros. Observaremos algunos dignos de protagonizar la próxima secuela de *Parque Jurásico,* y otros que son la viva estampa de *Barney,* el dinosaurio violeta que es todo un amor. Si observas bien tu dinosaurio, tal vez se te parezca a algunos de los que describimos en el próximo capítulo.

LOS TIPOS DE
DINOSAURIO

LOS tipos de dinosaurio que describimos a continuación están íntimamente ligados a los estilos de personalidad que mencionamos anteriormente. Para los coléricos y sanguíneos, apegados al futuro, al poder y a la ambición, hay unos. Para los melancólicos y flemáticos, que viven atados al pasado, necesitados de aprobación y para los que lo posponen todo, hay otros. Veamos algunos de ellos.

El broncasaurio

A éste le encanta verte formando broncas constantemente y tú lo complaces a la menor provocación. Te conviertes en un Mike Tyson de la vida. El dino te ha hecho creer que la existencia es una lucha continua, en la que el más fuerte se come al más débil y, obviamente, tú tienes que ser el más fuerte. Ante cualquier situación, el broncasaurio te hace ver un conflicto en el que tú tienes que ganar. Te anima desde su esquina diciéndote: "Ataca, ataca, ataca". En la oficina, la gente reconoce tu empuje y tu dedicación al trabajo, pero, por las continuas broncas con tus jefes y compañeros, es posible que no llegues más allá de donde ya has llegado. En tu casa, cuando llegas por las tardes, lejos de traer alegría, causas tensión en la familia, pues se preguntan "¿por qué rayos irá a pelear hoy?" Para el beneplácito de tu broncasaurio, ese continuo pelear en el que te tiene te aleja de aquellos que te quieren mucho y que, por no tener una bronca contigo, prefieren sacarte el cuerpo.

Cuando eso ocurre, tú reconoces lo que está pasando, pero el broncasaurio que te domina no te deja disculparte porque, según él, eso sería una señal de debilidad. Te tiene enfocado en obtener poder y control absoluto y tal vez, cuando lo logres y te sientas terriblemente solo, empieces a domesticar tu broncasaurio.

El zanganosaurio

El zanganosaurio actúa en aquellas personas propensas a sentirse culpables. Te ha hecho creer que tu misión en la vida es satisfacer las necesidades de otros, aunque sea en detrimento de las tuyas. Necesitas aprobación en todo lo que haces y por eso eres el más querido, el más amable, el más servicial… el más fastidiado. Te tiene convertido en una alfombra para que todo el mundo te pase por encima. Te dice que no te mereces nada, y que debes evitar conflictos a toda costa, porque no eres capaz de ganar una pelea. El miedo te domina y muchas veces negocias con tu dignidad, por miedo. Pides permiso hasta para respirar. Ante situaciones sumamente injustas, el zanganosaurio te grita: "¡Aguanta, aguanta y aguanta!" Como resultado de tanto aguantar, tu autoestima está por el piso y menos fuerzas tienes para exigir respeto o reclamar tus derechos. En la oficina eres de los que contemplan cómo le aumentan el salario a todo el mundo, menos a ti, hasta que un día explotas con el jefe y se lo pides de mala manera. Después, te sientes tan culpable que te ofreces para ir un sábado a su casa a cortarle la grama, como pago por haberlo ofendido. Se ha demostrado que suprimir las emociones para evitar problemas debilita el sistema inmunológico y convierte al organismo en campo fácil para el desarrollo de enfermedades como el cáncer. No esperes un final así para comenzar a domesticar tu zanganosaurio. El libro *Es cuestión de dignidad*, de Walter Riso, está escrito especialmente para ti.

El perfectosaurio

Este dino mantiene tu vida por el libro. El apartamento amueblado según las reglas del *feng shui*, la cuenta de cheques cuadrada al más mínimo detalle, la ropa organizada por colores, los frascos en la cocina por orden de tamaños, llegas a la hora exacta a tus compromisos, el carro está perfectamente limpio... En fin, todo está perfecto. Eres la envidia de los desordenados. Pero todavía no tienes pareja, porque no ha aparecido la persona perfecta. Cada vez que sales con alguien tu perfectosaurio te hace estar pendiente del momento en que la persona te va a mostrar su imperfección. Puede ser la dentadura, el carro regado, un sucio en el zapato, a lo mejor prefiere las películas de acción y tú, las de cinearte. Sea lo que sea, el defecto va a aparecer, pues tu perfectosaurio tendrá el radar prendido en esa cita. En la oficina tus compañeros gozan al sacar tus cosas del perfecto orden en que las tienes sólo por verte sufrir. Tienes todas las calificaciones para un ascenso, pero eres una persona tan estricta, que la compañía se paralizaría por tu inflexibilidad ante la imperfección. Esta inflexibilidad te ha llevado a tener una larga lista de personas a quienes no perdonas por haberte fallado, incluyéndote. Cuando domestiques tu perfectosaurio, te darás cuenta de que es preferible buscar la excelencia a la perfección, pues la búsqueda de esta última te tiene tan frustrado que se nota en tu triste semblante.

El algaretesaurio

¡Qué divertido es tu dinosaurio! Desde su estratégica esquina se la pasa gritándote: "¡Goza, goza, goza! ¡Vete a fiestar aunque sea lunes! ¡Qué importa que llegues con ojeras al trabajo un martes y con cierto tufito a licor!" Tu escritorio es un total desorden, pero no importa, porque tú sabes dónde está lo que necesitas. Y si no lo encuentras, "¡qué se joda!" De hecho, ésa es tu consigna. En la oficina no se hace una fiesta sin que tú—, por supuesto, y tu dinosaurio— estén presentes. El jefe nunca te da otra responsabilidad que no sea la de organizar las fiestas, porque sabe que no se puede contar contigo para terminar algo a tiempo. Eso hace que de noche, cuando las luces se apagan y el algaretesaurio se toma su descanso, tu voz interior te pregunte: "¿Cuándo vas a organizarte? ¿Cuándo vas a trascender la adolescencia?" Y ahí te entra una ansiedad que no te deja dormir. Claro, al otro día dirás que las ojeras son producto de la fiesta de la noche anterior, porque tu algaretesaurio no permitirá que eches a perder esa imagen de *party animal.* Domesticar tu algaretesaurio requerirá pausar en muchos momentos del día y aquietar tu inquieta mente para enfocarte en tus prioridades, sin perder la alegría, que es tu gran virtud.

El Ajorosaurio

Este dino quiere que seas el hombre o mujer de mayor éxito del Planeta, y rige tu vida a base de resultados. Andas en el carril de pasar con los dos pies puestos en el acelerador. Eres un generador de adrenalina en cantidades industriales. Mientras escribes en tu computadora, ves las noticias en la televisión, escuchas por radio tu programa preferido de análisis político y contestas el teléfono; todo a la vez. El ajorosaurio te dice que tienes que tener el mejor empleo, el salario más alto, el mejor carro, la mejor residencia, la lancha mayor, la pareja más bella y una vida sexual espectacular, con serpentinas, papelillos y fuegos artificiales. Pero eso será cuando tengas el tiempo, o cuando tengas energías, porque en ese ajoro en que el dinosaurio te mantiene, cuando llegas a la cama estás hecho un desastre. Además, como tienes que ser el mejor en todo, te pones la presión de que eres el mejor o la mejor amante. Si eres hombre, quieres ser el que rompa el récord de la erección más espectacular, cosa que casi nunca logras y que atribuyes a que estás muy cansado o preocupado por los innumerables negocios en los que te metes para ser el mejor. Si eres mujer, quieres ser la modelo en *negligé* más despampanante, capaz de tener múltiples orgasmos, pero, a la hora de la verdad, lo que sientes es dolor de cabeza. Tú no lo sabes aún, pero si no lo domesticas a tiempo, tu ajorosaurio te tiene preparado el mejor ataque al corazón, donde te atenderá el mejor cirujano, en el mejor hospital, y formarás parte de ese exclusivo club de los ejecutivos con el mejor marcapasos que se haya fabricado.

El vagosaurio

El vagosaurio logra que alguna gente viva su vida basándose en el siguiente principio: "debo dejar para mañana lo que debí haber hecho hoy". Tengo una amiga que tenía un esposo poseído por este dinosaurio. Ella se fajaba trabajando de campana a campana -era un ajorosaurio el que controlaba su vida- y cuando llegaba a la casa, el esposo tenía puestas las mismas payamas con las que lo dejó por la mañana. Y el muy descarado procedía a contarle, con lujo de detalles, todos los programas de televisión que vio ese día, principalmente las novelas,

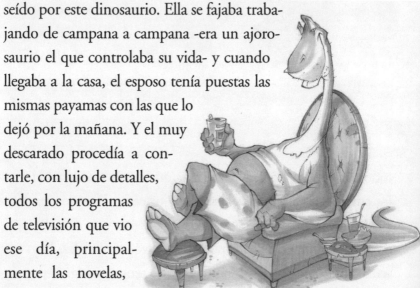

mientras ella se metía a la cocina a preparar la comida y a lavar los platos que él usó mientras veía televisión. Cuando dije "tenía un esposo" dije bien, porque un buen día ella le dio una patada por el fondillo y lo sacó de su vida. El muy descarado todavía está peleando en corte para que ella le pase una pensión de ex cónyuge. El vagosaurio es el más pesado de los dinosaurios y por eso transmite pereza a sus poseídos. Éstos le piden permiso a un pie para mover el otro y a cada rato se toman un descanso, pues se cansan de no hacer nada. Inevitablemente provocan que los poseídos por el ajorosaurio deseen agarrarlos por el cuello y estrangularlos. No es hasta que se domestica el vagosaurio que la persona empieza a sentir la energía que da crear, construir, aportar y vivir la vida con sentido de urgencia, pero sin caer en las garras del ajorosaurio.

El cuentosaurio

Este dinosaurio te hace creer que la mejor forma de caerle bien a la gente es inventándote realidades que no existen. Quizás eso sonó bonito, pero lo cierto es que este dinosaurio te hace mentir y te ha convertido en un embustero habitual. Para todo te tiene un cuento, una historia, una tragicomedia, una mentira. Si llegas tarde a una reunión, te inventas lo que te sucedió en la carretera. Si tenías que entregar un trabajo a tiempo, y no lo hiciste, te inventas un drama. En fin, si te dedicaras a escribir ficción, podrías obtener un premio Nobel. El problema es que eres el primero que te crees tus propios cuentos y llega el momento en que desconoces qué es verdad y qué es mentira. El cuentosaurio habita en aquellos que le han creído el cuento de que siempre hay que lucir bien. Pero a la larga, cuando ya todo el mundo se ha enterado de tu afición por tejer historias para justificarte, luces muy mal. Domesticar este cuentosaurio toma aprender a pausar antes de hablar, pero, sobre todo, requiere que entremos en contacto con nuestra verdadera esencia, que no necesita de ningún cuento para tener valor.

El benditosaurio

Éste es otro dinosaurio con habilidades literarias. El anterior era historiador y éste, un novelista fatalista y trágico. Su labor es recordarte constantemente tus fracasos y desilusiones, lo triste y lo dramático de tu vida. Te ha convertido en el protagonista sufrido de una novela que nunca tiene un final feliz. El benditosaurio te dice que no manifiestes tus sentimientos, que te lo sufras todo, pero eso sí, que la gente se entere de tu sufrimiento por la cara de tragedia con la que siempre andas. Cuanto más personas se enteren de lo desgraciada que es tu vida, mejor. Tu benditosaurio goza cuando en ese papel de víctima, en medio de una fiesta, te aíslas para que todo el mundo vaya a preguntarte qué te pasa. Y ahí es que tú gozas contando la interminable lista de desgracias que tu dinosaurio ha coleccionado como los eventos importantes de tu vida. Domesticar el benditosaurio va a requerir que asumas responsabilidad y te veas como creador de todo lo que te ha sucedido. En el próximo capítulo, hablaremos de la responsabilidad como una de las opciones que tenemos para salir del campo de influencia del dinosaurio.

El tiranosaurio

He conocido madres y padres, presidentes de compañías, directores escolares, sacerdotes, adolescentes y gente común poseídas por este tipo de dinosaurio. Éste te hace creer que tienes todo el derecho del mundo de imponerles a otros tus ideas y tu forma de ver la vida. Al tiranosaurio le encanta verte atropellar con la palabra, que actúes sin ningún tipo de tacto, que hieras a diestro y siniestro, sobre todo, a gente que te quiere, a pesar de tu dinosaurio. Los poseídos por el tiranosaurio se proyectan como personas cínicas, arrogantes, sarcásticas, insensibles y egoístas. Lo peor del caso es que tu tiranosaurio te mantiene una venda sobre los ojos, para que no cobres conciencia de cómo eres y del daño que haces. Vas a necesitar toneladas de humildad para domesticar tu tiranosaurio, pero cuando lo hagas, vas a disfrutar de un mundo maravilloso, lleno de ternura y amor que, posiblemente, aún desconoces.

El locosaurio

Este dinosaurio te empuja constantemente a tomar decisiones y a hacer cosas por impulso, impensadas, a lo loco, de las cuales luego te arrepientes. En reuniones o fiestas, sueltas lo primero que se te viene a la boca, sin pensar en las consecuencias. En muchas ocasiones estás a mitad de decir una frase y ya sabes que estás metiendo la pata. Te entusiasmas con algo y con la misma intensidad que lo comienzas, lo dejas, sea un negocio, un bachillerato en la universidad, una relación de pareja o pintar una reja. Te enamoras y te desenamoras, subes y bajas, corres y paras, ríes y lloras. La gente cercana a ti siente que los llevas en una montaña rusa. Domesticar tu locosaurio requerirá pausar, pausar y pausar. Aquietar tu mente, desde donde el dinosaurio te lleva en loca carrera, será el primer paso para lograr disfrutar de esa paz que se siente en el silencio.

El juzgosaurio

Este dinosaurio te ha puesto la toga de juez y te mantiene trabajando las 24 horas del día emitiendo juicios. Lo juzgas todo y a todos. "Esto es bueno, esto es malo. Esta persona hizo bien, éste actuó mal, aquello no funciona, ese auto no sirve, en este restaurante el servicio es malísimo, Fulanito de Tal debe estar metiéndose drogas, ésa se casó con don Zutano por dinero". En fin, nadie hace nada bueno, incluyéndote a ti. Tu juzgosaurio te ha dado un látigo con puyas largas y veneno en las puntas para que te flageles constantemente por lo que haces o dejas de hacer. Te ha convertido en una persona absolutamente amargada, pues para ti nada es suficiente. Juzgar es uno de los consejos del dinosaurio que más desgracias le ha producido al mundo. El juzgosario convierte la mente en un tribunal, y domesticarlo va a implicar cerrar permanentemente esa corte y abrir el corazón para aceptarte y aceptar a la gente tal y como es.

El manipulosaurio

Tu dinosaurio te ha convencido de que, si no es manipulando, no consigues nada en la vida. Por eso, andas con esa carita de persona que no rompe un plato, que siempre está tranquila, que no discute, que no le dice *no* a nadie, pero matas a cuchillo de palo; no mojas, pero empapas, y manipulando crees que te sales con la tuya. El manipulosaurio te hace dudar del poder de tu verdadera esencia, te empuja a fingir lo que no eres y te mete miedo con las consecuencias catastróficas que tendría el que dijeras *la verdad y nada más que la ver-*

dad. Domesticar al manipulosaurio requerirá precisamente eso: decir la verdad, sin adornos ni aceites suavizadores.

El cucosaurio

Este dinosaurio es amigo de Frankenstein, el Hombre Lobo, Freddy Krugger, Drácula y cualquier otro personaje que sea capaz de meterte miedo. En muchas ocasiones el cucosaurio trabaja en compinche con el manipulosaurio. Te tiene montado un festival de cine de terror en la mente y no te has dado cuenta. Por eso le tienes miedo a todo: a un trabajo nuevo, a mudarte de casa, a hacer nuevas amistades, a casarte, a comprar aquello que te gusta, a practicar un deporte, a viajar, a salir de noche y, sobre todo, a estar solo. El cucosaurio sabe lo poderoso que es el miedo y lo utiliza inescrupulosamente. El cucosaurio convierte a algunas personas en gente sumamente agresiva, celosa, paranoica, distante y defensiva. Domesticar al cucosaurio, a fuerza de atreverte a salir de tu zona de *confort*, donde te tiene encerrado por miedo, te hará descubrir un mundo maravilloso de nuevas oportunidades que ni siquiera has soñado.

El sexosaurio

El sexosaurio sabe que el sexo es energía básica, fuente de creatividad. El sexo realizado sin la participación del juzgosaurio y otros dinos tergiversadores es una experiencia profundamente espiritual. Pero el sexosaurio te ha llevado el sexo a la cabeza, desde donde él opera, y te lo ha convertido en otra actividad más, donde tratas de probar lo que no eres y de apegarte por placer y no, por gozo. El sexosaurio te ha puesto unos espejuelos para que lo veas todo desde la sexualidad. Conoces a alguien y lo primero que quieres saber es cómo será en la cama. Si hay un grupo conversando, llevas la conversación a lo sexual. El problema es que, asesorado por tu sexosaurio, conviertes el acto sexual en algo mecánico, en un instrumento para lograr placer y nada más, y llega el momento en que tus parejas quieren algo que no les puedes dar, se cansan y se van. Y sigues buscando, y buscando, y cada día la insatisfacción te lleva a buscar el sexo con mayor desesperación, y terminas metiéndote en un serio problema. Para domesticar tu sexosaurio, vas a tener que aprender a entregarte de corazón, en el *ahora*, relajado, sin los prejuicios y tabúes de los que se aprovecha el dinosaurio para reprimirte. El sexo sin el sexosaurio se convertirá en una gozosa vía para percibir el ser.

El hipnotisaurio

Este dinosaurio es un artista del ilusionismo. Te tiene tan hipnotizado que, después de leer los tipos de dinosaurios anteriores, te hace creer que en ti no habita ninguno de ellos. Sí has visto a todas tus amistades y familiares retratados en muchos de ellos, pero a ti, no. Tú has logrado el perfecto balance en la vida, te has leído todos los libros de motivación que se han escrito, has ido a todos los seminarios de transformación personal que se hayan inventado, has caminado sobre fuego, has meditado en Machu Pichu y hasta el Dalai Lama te mira con envidia. El hipnotisaurio ha logrado con éxito enfocar en las necesidades de los demás todo lo que lees y aprendes, para así evitar aplicártelo a ti. Pero como te tiene hipnotizado, no te das cuenta. Se te hará difícil domesticar tu dinosaurio, a menos que te apliques una buena dosis de humildad y vuelvas a repasar los tipos de dinosaurio anteriores y veas cuántos de ellos se manifiestan en ti.

Hay tantos dinosaurios como estilos de personalidad existen. Éstos son sólo algunos ejemplos de los que he visto manifestarse con mayor frecuencia. El dinosaurio de cada uno de nosotros tiene la capacidad de ir de una especie a otra con pasmosa velocidad. Pero es importante recordar que **no somos el dinosaurio que nos posee**.

Mediante la observación, me he dado cuenta de que dentro de mí tengo un zoológico que Steven Spielberg podría utilizar en su próxima película del *Parque Jurásico*. Uno de los que más trabajo me da es el hipnotisaurio. Por los muchos años que llevo en el campo de la motivación y la trasformación personal, mi dinosaurio me hace creer que estoy por ahí, entre Osho y Deepak Chopra. Pero un buen golpe contra la pared, o un simple comentario de uno de mis hijos, me hace cobrar conciencia del largo camino que me falta por recorrer para domesticar mis dinosaurios.

En ese proceso de búsqueda, recuerdo el día que tomé el curso de caminar sobre fuego con mi amigo y maestro de la transformación personal Carlos Amador. Pasamos toda una tarde preparándonos mentalmente para el ejercicio. De pronto, apareció mi juzgosaurio y, mirando a los participantes, me puse a juzgar quiénes, unas horas después, se atreverían a cruzar los nueve pies de carbones al rojo vivo. Como era cuestión de enfocarse y confiar, estaba seguro de que iba a superar sin ningún problema el paradigma de que el fuego siempre quema, pero tenía dudas de que lo pudieran hacer algunos de los otros participantes.

Cuando llegó el momento esperado, el cucosaurio entró en escena. "¿Y si no me atrevo a cruzar?", me dije. Junto al miedo, mi dinosaurio me recor-daba la importancia del *lucir bien*: "¿Qué dirá la gente si no me atrevo a cruzar? ¿Y si cruzo y me quemo?" Momentos antes de comenzar la caminata, me acordé de que no debía permitir que entraran en mi mente palabras como "quemarme", pues provocarían que, efectivamente, me quemara.

Y me llegó el turno. Carlos Amador, con una serena sonrisa, me dijo que caminara sólo cuando sintiera que estaba listo. La cháchara saurina en mi mente era insoportable. Por fin pude acallarla momentáneamente. Me enfoqué en mis metas, en los sueños que quería realizar y di el primer paso, y el segundo, y el tercero, y, sin darme cuenta, ya iba por la mitad, como si estuviera caminando por la alfombra de un hotel de lujo.

Cuando uno baja la guardia, el dinosaurio se aprovecha. Estaba ya a sólo unos pasos de terminar cuando el hipnotisaurio me dijo: "Ya estás a ley de nada y no te has quemado, eres un Dalai Lama cualquiera". La palabra "quemado" le dio permiso al cucosaurio para buscar en los archivos mentales todas las veces en que me había quemado al tocar algo caliente y, de inmediato, me enfoqué en que el pie izquierdo estaba pisando, en ese preciso momento, un carbón al rojo vivo... ¡y me quemé! "Coño, esto está caliente", dije, y aceleré el paso para terminar. Una vez más, los dinosaurios se salían con la suya.

Aprendí muchísimo de la quemada y de toda la experiencia, gracias al doctor Amador y a mis compañeros del taller. De hecho, una de las viejitas participantes, a quien yo juzgué como una de las que no iban a atreverse a cruzar el área del fuego, no sólo la cruzó, sino que quiso hacerlo tres veces, y en ninguna de las ocasiones se quemó. Es obvio que ella cambió una creencia, alteró un paradigma y mantuvo domesticado a su dinosaurio.

LA INTELIGENCIA EMOCIONAL
Y EL DINO

SIGAMOS observando el dinosaurio y el efecto que tiene en el éxito personal. Una investigación realizada a nivel mundial por *The Consortium for Research on Emotional Intelligence in Organizations* demostró que el éxito de una persona está vinculado en un 23% a sus capacidades intelectuales, y en un 77% al manejo de sus emociones, que es lo que conocemos como inteligencia emocional. Dicho de otra forma, más de tres cuartas partes del éxito que podamos obtener en la vida dependen de que domestiquemos nuestro dinosaurio.

Desgraciadamente, nuestros sistemas educativos concentran todo el esfuerzo en la parte intelectual y muy poco, o nada, en la emocional. Nos memorizamos todas las capitales del mundo, sabemos sacar la raíz cuadrada del número *pi*, conocemos la tabla periódica de rabo a cabo, no hay suceso de la historia de la humanidad que no hayamos archivado en algún rincón de la memoria, pero cuando nuestra pareja nos dice que ya no nos quiere, se nos cae el cielo encima y no sabemos qué hacer. Es ilógico que nuestras escuelas y universidades enfoquen el proceso educativo en sólo el 23% de lo que necesitamos para triunfar en la vida.

Esto explica por qué usted conoce a gente muy inteligente que es un fracaso en la vida; y gente que ha estudiado poco y tiene mucho éxito. En las escuelas nos animan a desarrollar la inteligencia intelectual, pero no, la inteligencia emocional. Por eso, cuando llegamos a la adultez, tenemos que aprender de los golpes en la calle o recurrir a la ayuda de sicólogos y siquiatras. En el campo artístico en el que trabajo hay personas con mucho talento que no han llegado a ningún lado, y gente con poco talento que ha logrado éxitos impresionantes. Esto también explica la frustración que lleva a tanta gente a consumir drogas y alcohol. La gente no usa drogas porque se le haya olvidado que, según Pitágoras, la hipotenusa al cuadrado es igual a la suma del cuadrado de los catetos, sino por muchas frustraciones emocionales. Un ejemplo de esto es la confusión que pueden producir los mensajes indirectos que hay en los anuncios comerciales sobre lo que es el éxito: un carro de lujo, vestimenta a la moda, la compañía de jóvenes de buen cuerpo y belleza física, y diversión sin límites. En la práctica, algunos jóvenes se dan cuenta de que obtener esas cosas no es tan fácil como lo pintan y, por no habérseles enseñado en la escuela a domesticar su dinosaurio, optan por caminos aparentemente más fáciles para lograr ese éxito, al final de los cuales terminan presos o en el cementerio.

Es importante conocer cuánto nos domina el dinosaurio para poder explicar por qué aún no disfrutamos del éxito profesional o personal que nos merecemos. Lo que sigue a continuación es una prueba que no pretende tener rigurosidad ni validez científica. Sin embargo, además de divertirnos haciéndola, nos puede dar una idea de cuál es el nivel de domesticación que hemos logrado con nuestro dinosaurio.

Antes de la prueba pido que reflexionemos sobre las siguientes cinco áreas de nuestra vida:

- las relaciones interpersonales <u>9</u>
- lo económico <u>8</u>
- lo profesional <u>9</u>
- la salud <u>9</u>
- la parte espiritual <u>7</u>

Hacer esta reflexión es parte del importante paso de observar. Si pudiésemos darle una puntuación del 1 al 10 al nivel de éxito alcanzado en estas áreas, en la que 1 es una total insatisfacción por no haber logrado nada, y 10 es absoluta satisfacción de los logros obtenidos, ¿cuál sería tu evaluación? Reflexiona y pon una puntuación al lado de las cinco categorías.

Una vez le asignes un número a cada una de las cinco áreas, debes sumar las puntuaciones, dividir el resultado entre cinco y multiplicarlo por diez, para que dé el porcentaje de éxito que te estás adjudicando. Te daré el ejemplo de un amigo al que considero uno de mis mentores. Él se dio 8 en relaciones interpersonales, 7 en lo económico, 9 en lo profesional, 8 en salud y 7 en lo espiritual. Sus puntuaciones sumaron 39; dividido entre 5 y multiplicado por diez le dio un 78% de éxito. Guarda ese número, para después de que termine la prueba que sigue a continuación.

PRUEBA SAURINA

1. Cuando tengo problemas, me los callo.
   __ a. Nunca   •_ c. Casi siempre   __ e. A veces
   __ b. Casi nunca   __ d. Siempre

2. Cuando cometo un error, se me hace difícil admitirlo.
   __ a. Nunca   __ c. Casi siempre   __ e. A veces
   •_ b. Casi nunca   __ d. Siempre

3. Soy pesimista.
   __ a. Nunca   •_ c. Casi siempre   __ e. A veces
   __ b. Casi nunca   __ d. Siempre

4. Pienso que "amigo es un peso en el bolsillo".
   •_ a. Nunca   __ c. Casi siempre   __ e. A veces
   __ b. Casi nunca   __ d. Siempre

5. Tengo estrés.
   __ a. Nunca   __ c. Casi siempre   __ e. A veces
   •_ b. Casi nunca   __ d. Siempre

6. Descargo el estrés contra quien me encuentre de frente.

___ a. Nunca   ___ c. Casi siempre   ___ e. A veces

• b. Casi nunca   ___ d. Siempre

7. Me siento de mal humor.

___ a. Nunca   ___ c. Casi siempre   • e. A veces

___ b. Casi nunca   ___ d. Siempre

8. Me siento triste.

___ a. Nunca   ___ c. Casi siempre   • e. A veces

___ b. Casi nunca   ___ d. Siempre

9. Soy inflexible e intolerante con mis creencias, forma de pensar y hacer las cosas.

• a. Nunca   ___ c. Casi siempre   ___ e. A veces

___ b. Casi nunca   ___ d. Siempre

10. Cuando no logro las cosas que quiero hacer, me frustro.

___ a. Nunca   ___ c. Casi siempre   • e. A veces

___ b. Casi nunca   ___ d. Siempre

11. Cuando alguien, como el jefe o mi pareja, me dice que tiene que hablar algo muy serio conmigo, me da ansiedad.

___ a. Nunca   ___ c. Casi siempre   • e. A veces

___ b. Casi nunca   ___ d. Siempre

12. Cuando llego a una reunión o a una fiesta donde no conozco a nadie, no inicio comunicación y espero que otra persona lo haga.

___ a. Nunca   ___ c. Casi siempre   • e. A veces

___ b. Casi nunca   ___ d. Siempre

13. Cuando estoy con una pareja y me excito sexualmente, necesito completar la relación sexual.

___ a. Nunca   ___ c. Casi siempre   • e. A veces

___ b. Casi nunca   ___ d. Siempre

14. En las relaciones sexuales me inhibo de comunicarle a mi pareja lo que me gusta o no me gusta.
    _•_ a. Nunca   __ c. Casi siempre   __ e. A veces
    __ b. Casi nunca   __ d. Siempre

15. Pienso que mi pareja me debe satisfacer en todos los aspectos.
    _•_ a. Nunca   __ c. Casi siempre   __ e. A veces
    __ b. Casi nunca   __ d. Siempre

16. Me ocurre que inicio proyectos y no los termino.
    _•_ a. Nunca   __ c. Casi siempre   __ e. A veces
    __ b. Casi nunca   __ d. Siempre

17. Me suceden cosas sobre las que siento que no tengo control.
    __ a. Nunca   __ c. Casi siempre   __ e. A veces
    _•_ b. Casi nunca   __ d. Siempre

18. Digo mentiras para salir bien.
    _•_ a. Nunca   __ c. Casi siempre   __ e. A veces
    __ b. Casi nunca   __ d. Siempre

19. Siento incomodidad con mi cuerpo.
    __ a. Nunca   __ c. Casi siempre   _•_ e. A veces
    __ b. Casi nunca   __ d. Siempre

20. Digo las cosas como las siento, sin que me importe cómo se sientan los demás.
    _•_ a. Nunca   __ c. Casi siempre   __ e. A veces
    __ b. Casi nunca   __ d. Siempre

21. Cuando alguien me echa un piropo o me alaba, trato de minimizar el halago, pues pienso que algo me quieren sacar.
    __ a. Nunca   __ c. Casi siempre   _•_ e. A veces
    __ b. Casi nunca   __ d. Siempre

22. Me gusta vengarme de la gente que, a mi entender, me causó daño.

   ● a. Nunca   __ c. Casi siempre   __ e. A veces
   __ b. Casi nunca   __ d. Siempre

23. Hago todo lo posible por caerle bien a la gente.

   __ a. Nunca   ● c. Casi siempre   __ e. A veces
   __ b. Casi nunca   __ d. Siempre

24. Permito que situaciones negativas que me suceden durante el día se queden dando vueltas en la mente y no me dejen dormir.

   __ a. Nunca   __ c. Casi siempre   ● e. A veces
   __ b. Casi nunca   __ d. Siempre

25. Siento que la gente me toma por tonto.

   __ a. Nunca   __ c. Casi siempre   ● e. A veces
   __ b. Casi nunca   __ d. Siempre

26. Tengo sentimientos de culpa.

   __ a. Nunca   __ c. Casi siempre   ● e. A veces
   __ b. Casi nunca   __ d. Siempre

27. Cuando creo que tengo la razón, discuto agriamente hasta que mis ideas prevalezcan.

   ● a. Nunca   __ b. Casi nunca
   __ c. Casi siempre   __ d. Siempre
   __ e. A veces

28. Cuando un deambulante se me acerca a pedir dinero, lo evito con la mirada.

   ● a. Nunca   __ b. Casi nunca
   __ c. Casi siempre   __ d. Siempre
   __ e. A veces

29. Soy capaz de agredir físicamente a otra persona.
    __ a. Nunca   __ c. Casi siempre   _•_ e. A veces
    __ b. Casi nunca   __ d. Siempre

30. Consumo drogas o alcohol en exceso.
    _•_ a. Nunca   __ c. Casi siempre   __ e. A veces
    __ b. Casi nunca   __ d. Siempre

31. Me resulta incómodo sentarme a escribir mis sueños y metas.
    __ a. Nunca   __ c. Casi siempre   _•_ e. A veces
    __ b. Casi nunca   __ d. Siempre

32. Siento miedos irracionales, como fobia a los ascensores, aviones, culebras o cucarachas.
    _•_ a. Nunca   __ c. Casi siempre   __ e. A veces
    __ b. Casi nunca   __ d. Siempre

33. Cuando me entero de algo, o cuando me cuentan algo que no debo decir, se me hace difícil no contárselo a otros.
    _•_ a. Nunca   __ c. Casi siempre   __ e. A veces
    __ b. Casi nunca   __ d. Siempre

34. Me enamoro con facilidad y sufro mucho porque de mí no se enamoran de la misma forma.
    _•_ a. Nunca   __ c. Casi siempre   __ e. A veces
    __ b. Casi nunca   __ d. Siempre

35. Desearía tener pareja pero, aunque trato, nadie logra gustarme lo suficiente como para enamorarme.
    _•_ a. Nunca   __ c. Casi siempre   __ e. A veces
    __ b. Casi nunca   __ d. Siempre

36. Me siento indeciso a la hora de tomar decisiones importantes.
    _•_ a. Nunca   __ c. Casi siempre   __ e. A veces
    __ b. Casi nunca   __ d. Siempre

37. Cambio de estado de ánimo constantemente.

__•__ a. Nunca __ c. Casi siempre __ e. A veces

__ b. Casi nunca __ d. Siempre

38. Prefiero estar solo en mi habitación o en mi oficina, en lugar de salir a divertirme.

__ a. Nunca __ c. Casi siempre __ e. A veces

__•__ b. Casi nunca __ d. Siempre

39. Me irrita de una forma increíble que se metan en mis cosas, o en mi espacio, en la casa o en la oficina.

__ a. Nunca __ c. Casi siempre __•__ e. A veces

__ b. Casi nunca __ d. Siempre

40. Desconfío de casi todo el mundo.

__ a. Nunca __ c. Casi siempre __•__ e. A veces

__ b. Casi nunca __ d. Siempre

Una vez terminada la prueba, cuenta las veces que seleccionaste las opciones (e) "siempre", (d) "casi siempre", (c) "a veces", (b) "casi nunca" y (a) "nunca".

Si la mayoría son (a) "nunca", has domesticado a tu dinosaurio entre un 75 y un 100% y estás camino a la maestría de la vida. En tu caso, el dinosaurio se comporta como una mascota y en muy raras ocasiones demuestra ser un animal salvaje. Debes estar gozando de un éxito extraordinario tanto en lo profesional como en tu vida personal. El éxito conlleva responsabilidades, así que deberías sacar de tu tiempo para enseñarles a otros a lograr lo que ya has logrado.

Si la mayoría son (b) "casi nunca", tienes a tu dinosaurio domesticado entre un 50 y un 75%. Eres muy consciente de cómo funciona tu dinosaurio y sabes manejarlo en la mayoría de las ocasiones. Cuando se te sale de control, sabes de inmediato cómo tomar las medidas necesarias para ponerlo en su sitio. Esto hace que seas una persona exitosa, un líder al que muchos siguen. Pero no bajes la guardia, lee constantemente y mantente alerta, para que sigas en control de tu animal interior.

Si la mayoría son (c) "a veces", logras el manejo de tu dinosaurio sólo en un 25 a un 50% de las ocasiones. Por lo tanto, a veces lo tienes bajo control y otras, no. A veces logras las cosas que te propones en la vida, otras, no. A veces te sientes bien contigo mismo, otras, no. A veces sientes que la gente te admira y otras, no. Como has desarrollado cierta conciencia de cómo funciona tu dinosaurio, tienes las posibilidades de aumentar tu control sobre él, pero te falta consecuencia. La inconsecuencia puede llevarte a la mediocridad, cosa que tu dinosaurio celebraría con gran júbilo. Es necesario que leas libros de autoayuda y asistas a seminarios de mejoramiento personal con frecuencia.

Si la mayoría son (d) "casi siempre", el dinosaurio está en control de gran parte de tu vida. Como consecuencia de ello, debes estar confrontando serios problemas económicos y emocionales. Aunque has conocido pequeños momentos de gloria, el dinosaurio te los boicotea. Es necesario que, además de leer libros de autoayuda e ir a seminarios de mejoramiento personal, busques ayuda profesional para que un sicólogo, un siquiatra o un consejero sea tu asistente en el proceso de ir domesticando tu dinosaurio.

Si la mayoría son (e) "siempre", aquí el domesticado eres tú y el dino es el que manda en tu vida. Sin embargo, el hecho de que estés leyendo este libro y hayas hecho esta prueba es indicativo de que aún tienes el poder de salirte de ese dominio que el dinosaurio ha ejercido. Debes buscar ayuda profesional urgente, pues nunca es tarde para comenzar a domesticar tu dinosaurio.

Observa ahora el porcentaje que obtuviste en la evaluación que hicimos del éxito personal en las cinco áreas importantes de la vida. Verás que hay una posible correlación entre ese porcentaje que te adjudicaste y el nivel de domesticación del dinosaurio que arrojó la prueba anterior. Si el porcentaje que te diste fue de un 50%, es muy posible que hayan predominado los "a veces" en la prueba anterior. Si eres de las personas en las que predominó el "casi nunca" es posible que el nivel de éxito que entiendes que has alcanzado esté cerca del 75%, como fue el caso de mi amigo, el mentor. Lo que queremos demostrar es que hay una relación directa entre el nivel de éxito de una persona y cuán domesticado está su dinosaurio.

EL DINOSAURIO
EN EL MUNDO

YA que hemos observado el dinosaurio y su influencia a nivel personal, es momento de observarlo a nivel mundial. ¿A qué se dedicaban los dinosaurios? A dominar a base de la fuerza, a pelear unos con otros, a satisfacer sus voraces instintos de dominio territorial. Cualquier parecido con lo que está ocurriendo en el mundo en la actualidad no es pura coincidencia. Cuando sumamos los dinosauritos individuales de cada uno de nosotros, se produce un dinosaurio colectivo, gigante, que anda por ahí destruyendo el planeta en el que vivimos. Los siguientes datos los traigo, no para que se depriman, sino para que completemos el proceso de observación, esta vez, del dinosaurio colectivo. Algunos de los datos les pondrán los pelos de punta.

- La Primera Guerra Mundial costó $191,000,000,000 (191 billones de dólares).
- La Segunda Guerra Mundial costó $29,000,000,000,000 (2.9 trillones de dólares).
- La guerra de Corea costó $336,000,000,000 (336 billones de dólares).
- El conflicto de Vietnam: $494,000,000,000 (494 billones de dólares).
- La operación Tormenta en el Desierto contra Irak: $76,000,000,000 (76 billones de dólares).
- La guerra de Irak superaba ya a principios del 2004 los $100,000,000,000 (100 billones de dólares).
- En total, nos hemos gastado cerca de $30 trillones en guerras, sin contar las escaramuzas en Panamá, África, Kosovo, Afganistán y otros.

Si acaso aún no se han convencido de que nos comportamos como dinosaurios, hay más datos:

- Los seres humanos hemos matado a 100 millones de miembros de nuestra especie en el siglo XX.

- Se estima que desde la última guerra mundial han muerto mucho más de 32 millones de civiles como resultado de actos bélicos.

- El 7 de abril de 1994, hace poco más de diez años, comenzó una matanza en Ruanda, ante el silencio del mundo, que les costó la vida a más de 500,000 personas.

- Los países que integran el Consejo de Seguridad de las Naciones Unidas, quienes deciden si hay guerra o no, producen el 80% de los armamentos que se usan para la guerra. ¿Tratarán honestamente de evitar las guerras?

- Todos los días mueren, de enfermedades prevenibles o de hambre, cerca de 40,000 niños en el mundo.

- Mundialmente se gastan $800,000 millones en un año en armamentos. Con sólo el 4% de ese presupuesto, se podría evitar la muerte de los 40,000 niños que fallecen diariamente.

- Las 225 personas más ricas del mundo ganan más que 2,500 millones de personas.

- El 3% de la población mundial controla el 97% del dinero del Planeta.

- Las necesidades mundiales básicas de nutrición, salud, agua potable y educación se resolverían, según las Naciones Unidas, con sólo $28 billones.

- En Europa la gente gasta 105 billones de euros en bebidas alcohólicas y 50 billones en cigarrillos en un año. A escala mundial, se consumen 400 billones de dólares en drogas en ese mismo período.

- La tala indiscriminada de árboles amenaza con destruir los pulmones verdes del mundo, como la selva del Amazonas.

- La contaminación de nuestro aire, subsuelo y aguas con materiales tóxicos y radiactivos amenaza la vida en el Planeta.

- La cantidad de personas que, a estas alturas de la humanidad, no saben leer ni escribir es alarmante.
- En los Estados Unidos se gastan cantidades enormes de dinero en la destrucción de productos agrícolas, con el propósito de mantener el balance en el mercado, mientras millones de personas padecen y mueren de hambre.
- En 1945, dos bombas nucleares fueron lanzadas sobre las ciudades japonesas de Hiroshima y Nagasaki, donde murieron más de 226,870 seres humanos.
- En 1937, soldados pertenecientes al ejército japonés violaron, torturaron y asesinaron a más de 300,000 civiles en un período de seis semanas, en Nanking, China.
- El presupuesto militar de los Estados Unidos es mayor que las economías de los 20 países que lo siguen en riqueza.
- Los $75 billones que el Congreso aprobó inicialmente para la guerra en Irak darían para pagar en los mismos Estados Unidos por el cuidado de 13 millones de niños pobres, que en estos momentos no tienen quién los cuide.
- Esos $75 billones son más que el presupuesto destinado a educación y es el doble de lo destinado a vivienda en los Estados Unidos.
- Esos $75 billones pagarían el seguro médico de 10 millones de trabajadores que lo necesitan en los propios Estados Unidos.

Es obvio que no hace falta dar más cifras para demostrar que quienes están reinando en el mundo no pueden ser seres inteligentes y amorosos como describimos a los seres humanos al principio de este libro. Las cifras que hemos obtenido de diversas fuentes en la Internet nos permiten observar lo que somos capaces de crear cuando el dinosaurio no está domesticado. Urge que nos decidamos a domesticar nuestro di-

nosaurio individual y colectivo. Para que la raza humana so-
breviva, necesitará elevar su nivel de conciencia a un nuevo
nivel, al del dinosaurio domesticado. Cada persona que ade-
lanta en ese avance hacia un nuevo nivel de conciencia con-
tribuye al avance colectivo. Está en nosotros escoger ese camino. El tercer paso para ir domesticando el dinosaurio es,
precisamente, el acto de elegir.

TERCER PASO:
ELEGIR

CUANDO logramos desarrollar la destreza de colocarnos en la posición de observadores de nuestros pensamientos y acciones, vemos con claridad cómo funciona nuestro dinosaurio particular. Entonces es cuando estamos en mejor posición para hacer lo que verdaderamente nos diferencia de los otros animales del Planeta: ejercer nuestro libre albedrío y elegir.

Elegir es el punto clave para la domesticación de nuestro dinosaurio. Repasemos los pasos: detenemos la carrera loca en que el dinosaurio nos mantiene, observamos su forma de actuar y entonces elegimos, ya sea seguir sus consejos o seguir la voz de nuestra verdadera esencia. Cuando uno no elige realmente, escoge no escoger. Cuando no elegimos, le damos camino libre al dinosaurio para que él elija por nosotros.

Disfrazamos el no ejercer nuestra libertad de elegir con una palabrita mágica que nos ha regalado el dinosaurio: **tengo**.

A continuación una lista de algunos "tengos" preferidos por todos nosotros:

- Tengo que ir a trabajar.
- Tengo que pagar contribuciones.
- Tengo que casarme.
- Tengo que acostarme temprano.
- Tengo que comprarme un carro.
- Tengo que acostumbrarme.
- Tengo que llevar a la suegra a comer.
- Tengo que bañarme.
- Tengo que rebajar.
- Tengo que hacer ejercicios.
- Tengo que ir al médico.
- Tengo que cocinar.
- Tengo que terminar de leer este libro.

Cuando uno dice que *tiene* que hacer algo, parece adjudicarle la responsabilidad de ese acto a una fuerza externa. Eso nos deja espacio para evadir responsabilidad por lo que hacemos. Cada uno de nosotros tiene su lista interminable de *tengos* que provocan que nos sintamos obligados, molestos, deprimidos, abusados, culpables, inseguros, sin valor, sin control, usados, manipulados, frustrados y, sobre todo, **víctimas**. Y el dinosaurio goza cada vez que nos sentimos así. Entonces, debemos preguntarnos: si nos sentimos así ante los *tengos* de la vida, ¿por qué nos sometemos a ellos? Porque el dinosaurio nos ha dicho que hay graves consecuencias si no lo hacemos. Y así hacen su entrada triunfal en nuestras vidas los *Si no...*

Tengo que ir a trabajar porque *si no* voy a trabajar, no gano dinero, y si no gano dinero, no puedo pagar la casa, ni comprar ropa y comida, y si no puedo pagar la casa ni comprar ropa y comida, terminaré siendo un deambulante, y si la gente no me ayuda, me voy a morir". Este es el cuento clásico del que asume el papel de víctima. Veamos otros cuentos.

"Si no pago contribuciones, el Gobierno me acusará de evasor contributivo, y si salgo culpable, pararé en la cárcel, y si voy a la cárcel, perderé el trabajo, y si pierdo el trabajo, no gano dinero, y si no gano dinero, no puedo pagar la casa, ni comprar ropa y comida, y si no puedo pagar la casa, ni comprar ropa y comida, terminaré siendo un deambulante, y si la gente no me ayuda, me voy a morir".

"Tengo que casarme, porque sino me caso mi novia, su familia y todas sus amistades se molestarán conmigo, y si se molestan conmigo, van a decirme que soy un irresponsable o un miedoso, y si dicen eso de mí, mi imagen se afectará, y si se afecta mi imagen, perderé prestigio, y si pierdo prestigio, puedo perder el trabajo, y si pierdo el trabajo, no gano dinero, y si no gano dinero, no puedo pagar la casa, ni comprar ropa y comida, y si no puedo pagar la casa, ni comprar ropa y comida, terminaré siendo un deambulante, y si la gente no me ayuda, me voy a morir".

Y así por el estilo. El dinosaurio, que es tremendo guionista, nos arma una historia trágica alrededor de cada *tengo que*, *porque si no…* y logra su objetivo de que vivamos una vida miserable haciendo lo que no queremos hacer, por temor a lo que nos pueda pasar. Los *tengo que…*, *porque si no…* nos quitan poder y le dan fuerza a nuestro dinosaurio interno.

Por el contrario, el *yo escojo* nos da poder y debilita al dinosaurio.

"Yo escojo ir a trabajar porque con el dinero que me ganaré escogeré ahorrar y si ahorro, escogeré comprarme la casa de mis sueños, y el carro de mis sueños, y podré formar una familia y…"

Escogemos en cada instante de nuestras vidas. Escogemos los pensamientos con los que analizamos los eventos que nos ocurren. Escogemos las ideas que se forman a partir de esos pensamientos. Escogemos la conversación interna que esas ideas construyen. Escogemos las emociones que esa conversación interna nos produce. Escogemos las acciones que llevamos a cabo impulsados por esas emociones. Escogemos los hábitos que se forman por las acciones repetidas. Escogemos los resultados que obtenemos por nuestros hábitos y lo que hacemos.

El *yo escojo* nos da libertad. Por la mañana, cuando nos despertamos, el dinosaurio nos espera con su suculento desayuno de *tengo que...*, *porque si no...* Si le comemos ese desayuno vamos a sentirnos obligados, molestos, deprimidos, abusados, culpables, inseguros, sin valor, sin control, usados, manipulados, frustrados y **víctimas...** Pero ahora sabemos que podemos escoger una actitud positiva para hacer lo que queremos hacer y disfrutar de sentirnos poderosos, libres, alegres, realizados, felices y en camino a lograr el éxito y a alcanzar nuestros más preciados sueños.

Responsable o víctima

Un día fui a hacer un reportaje para mi programa de televisión sobre la industria lechera en una vaquería muy grande al norte del País. Me coloqué en un caminito muy angosto que quedaba entre los dos cercados donde estaban las reses. Había llovido bastante y busqué en el caminito un espacio que estuviera lo menos mojado posible, para que la ropa blanca que me había comprado para *lucir bien* en el programa no se me ensuciara. Demás está decir que en el cercado lo que había era un mar de fango, agua y excremento de vacas. Éstas me miraban como preguntándose en qué cabeza cabía ir vestido de esa forma a un lugar como aquél.

Estaba a mitad del reportaje cuando vi que el camarógrafo, que estaba muy concentrado mirando a través del visor de la cámara, levantó la cara y puso expresión de espanto. Como estaba de espaldas a lo que él estaba mirando, pensé que yo había dicho una barbaridad y no me había dado cuenta. Pero lo próximo que él hizo fue agarrar la cámara y echar a correr. Yo me volví, y comprendí por qué estaba corriendo: una estampida de unos quince caballos desbocados venía en dirección al caminito donde yo estaba, pues éste daba al lugar donde ellos comían a esa hora de la tarde. Por unos instantes me congelé. No sabía qué hacer. Si me quedaba donde estaba, me podían pasar por encima, con consecuencias fatales. La otra opción era saltar al mar de fango, agua y excremento que tenía a ambos lados. No lo pensé dos veces. Salté. Me resbalé y caí de cuerpo entero en el lodazal. Me sumergí en aquella piscina inmunda mientras escuchaba y sentía pasar muy cerca de mí la estampida de caballos.

Cuando saqué la cabeza, me limpié la cara con una mano y pude ver dos cosas: una, que los caballos ya habían pasado y yo estaba a salvo, y dos, que estaba lleno de mierda de pies a cabeza. De inmediato tuve ante mí dos opciones. En una, el dinosaurio me invitaba a que me lamentara por lo que había ocurrido, que me convirtiera en víctima para que todo el mundo me cogiera pena. Se me había dañado la ropa, tenía excremento de vaca en todo el cuerpo, incluyendo la cara, no podría terminar el reportaje, había fallado una vez más, las circunstancias se volvían contra mí. ¡Qué desastre! ¡Era una víctima perfecta!

Por otro lado, mi verdadero ser me invitaba a regocijarme por haber salvado mi vida. ¿Qué eran un pantalón, una camisa, unos zapatos nuevos y el estar sucio, al lado de poder seguir viviendo? La ropa se podía comprar, la vida, no. Estar sucio por fuera no es un problema cuando se está limpio por dentro. Escuché ambas voces. Distinguí claramente cuál era una y cuál era la otra. Esta vez opté por la de mi propio ser, y hasta di gracias por la mierda que me cubría. De eso se trata. Día a día hay mierdas que nos caen encima y hay otras que nosotros mismos nos echamos. El problema no es la mierda, sino la actitud que asumimos ante ella.

Contéstate lo siguiente: ¿escoges la pareja que tienes, o te lamentas de ella? ¿Eliges el trabajo que tienes, o te lamentas de él? ¿Eliges la situación económica en la que vives, o te lamentas de ella? ¿Eliges las libras de más que tienes en tu cuerpo, o te lamentas de tu gordura? ¿Eliges el país en el que vives, o reniegas de él? Cuando escogemos lo que tenemos, nos guste o no, actuamos desde el sentido de responsabilidad y desde esa plataforma podemos transformar lo que hemos escogido, si es que no nos gusta. Nuestro verdadero ser se siente responsable de todo y es capaz de cambiar y crear nuevas cosas cada vez que quiere. Cuando nos lamentamos, escogemos ser víctimas, uno de los papeles que más le gusta al dinosaurio que encarnemos.

Desde la perspectiva de la víctima, nos declaramos incapaces de hacer nada ante lo que nos sucede y, por lo tanto, no lo podemos cambiar ni podemos crear otra cosa. Ser víctima es algo apoyado por la sociedad en que vivimos. Cuanto más víctimas seamos, más posibilidades tenemos de ser protagonistas de algunos de los espectáculos de televisión que se nutren de historias trágicas.

Siempre podemos elegir lo que tenemos en el momento presente, sin lamentaciones. También podemos elegir crear otra cosa, si eso que tenemos en ese momento no nos funciona. A las víctimas se les olvida que tenemos gran poder de elegir.

Niveles de responsabilidad

En la medida en que vamos domesticando nuestro dinosaurio, vamos asumiendo distintos niveles de responsabilidad en nuestra vida. En los talleres de transformación personal que ofrecen en Puerto Rico las compañías Momentum e Impacto Vital, con las cuales colaboro, enfatizamos en cuatro niveles de responsabilidad.

Primer nivel – "No soy responsable de nada".

En este nivel, el dinosaurio nos hace creer que la vida nos pasa como si fuera una película sobre la cual no tenemos ningún control. Otros son los directores, productores y protagonistas de nuestra vida en la cual simplemente somos unos extras, actuamos como víctimas de las circunstancias y el elegir no existe.

Para mantenernos en este nivel, el dinosaurio nos sugiere pensamientos como éstos:

- "Llegué tarde porque había mucho tráfico".
- "Me botaron del trabajo porque le caía mal al jefe".
- "No tengo pareja porque en los hombres (o en las mujeres) no se puede confiar".
- "No puedo tomar ese taller de mejoramiento personal porque no tengo dinero".
- "No te he llamado porque no he tenido el tiempo".

El Cuentosaurio es nuestro aliado incondicional inventando cuentos para justificar por qué no asumimos responsabilidad por lo que nos pasa.

Nivel dos: "Acepto responsabilidad de lo que pasó"

En este nivel aceptamos la responsabilidad por las cosas del pasado, pero no por las del presente. De esa forma, el di-

nosaurio nos mantiene enfocados en lo que pasó, en lo que no fuimos, en lo que dejamos de ser y no en lo que necesitamos ser en el presente. Por lo general, esa aceptación está inclinada más hacia la culpa que hacia la verdadera responsabilidad. La culpa y la responsabilidad son dos cosas muy distintas. Cuando nos sentimos culpables, estamos mirando atrás lamentándonos por lo que hicimos. Cuando nos sentimos responsables, estamos en el ahora, listos para crear algo mejor de lo que habíamos antes creado y no nos funcionó.

En este nivel escuchamos conversaciones internas tales como:

- "Soy responsable de que mi relación no funcionara". Realmente estamos queriendo decir: "Fue mi culpa".
- "Acepto la responsabilidad por haberte atacado verbalmente". Realmente queremos decir: "Estuve mal".
- "Acepto la responsabilidad de haberme emborrachado en la fiesta de Navidad de la oficina". Realmente queremos decir: "Estoy avergonzado".

El Juzgosaurio es nuestro aliado cuando asumimos este tipo de responsabilidad mezclada con culpa.

Nivel tres – "Soy responsable"

Ya en este nivel el dinosaurio empieza a perder control de nosotros, pues estamos permitiendo que el verdadero ser comience a manifestarse. La posición de "soy responsable" nos da poder para crear los resultados que queremos y para realizar nuestros más preciados sueños. Las excusas, circunstancias, situaciones y razones empiezan a desaparecer de nuestro vocabulario. Como sabemos, sin esas palabras, el dinosaurio se queda mudo.

Nivel cuatro – "Soy responsable de la totalidad de mi vida"

Quienes operan desde esta perspectiva logran transformaciones espectaculares en todos los aspectos de su vida, comenzando por callarle la boca al dinosaurio. La vida se convierte en una película en la que somos guionistas, productores, directores y actores principales. Quien se siente la fuente de todo logra acceso a su poder total y, por lo tanto, al disfrute de su existencia. Eso no quiere decir que entre ratos no volvamos a escuchar la voz del dinosaurio. Éste jamás se rinde. Pero ya esa voz, que antes nos controlaba, tiene muy poco efecto sobre nuestras acciones.

Repasemos lo que usualmente nos dice la voz saurina:
- "Enfócate en el pasado."
- "Las circunstancias son más grandes que tú."
- "No hay suficiente dinero, ni tiempo, ni oportunidades, ni amor."
- "Siéntete culpable."
- "Ten resentimientos."
- "Échale la culpa a alguien."
- "No puedes."
- "No te lo mereces."
- "¡Resígnate!"
- "Tú no importas."
- "Mira lo que otros piensan de ti."
- "Tienes que hacer esto... tienes que hacer lo otro..."
- "Eres débil."
- "Estás solo."

... y, si escuchamos esa voz, seremos adorables **víctimas**.

Por el contrario, ser **responsable** es...
- Enfocarnos en el presente.
- Darnos cuenta de que podemos lidiar con nuestras circunstancias.
- Saber que hay abundancia (de dinero, de tiempo, de oportunidades, de amor).
- Sentirnos la fuente de todo lo que nos sucede.

- Practicar el perdón.
- Decir: "si hay algo que hacer, depende de mí".
- No juzgar.
- Saber que, si quieres, puedes.
- Aceptar que merecemos ser felices.
- Comprometernos con determinación.
- Saber que nuestro voto cuenta.
- Decir "yo creo en mí, lo que pienso de mí es realmente lo que importa".
- Afirmar: "Quiero hacer esto".
- Reconocer que somos poderosos, que la fuerza está en nosotros.
- Sentirnos parte de un todo.

Cuando me enfrenté a lo que en Occidente hemos llamado los actos terroristas del 11 de septiembre del 2001, se me hacía difícil eso de sentirme **fuente** de todo y, por tanto, responsable de esa desgracia. Pero luego me di cuenta de los pequeños actos terroristas que cometo a diario contra otros y contra mí: adelantarme para tomarle el estacionamiento en el centro comercial a un viejito, regar un chisme, comer lo que sé que me hace daño, hablar mal de otra persona, posponer tareas, levantarles la voz a mis hijos, etc., etc. Cuando sumamos esos pequeños actos terroristas que día a día realizamos los billones de seres humanos que poblamos el Planeta, no hay duda de que nuestra conciencia colectiva es capaz de crear barbaridades como las del 11 de septiembre, y otras peores.

Elegir no es otra cosa que asumir responsabilidad por la voz que dejamos que dictamine las acciones del día a día. Cuando en la calle se nos cruza un automovilista irresponsable y casi nos atropella hay dos mensajes que de inmediato nos llegan: "sigue tu camino y no te desenfoques de tu propósito", o "hazle lo mismo que te hizo y, de ser posible, menciónale la madre". En un caso como éste, es fácil reconocer la voz del dinosaurio. Pero en lo cotidiano, cuando estamos montados en la montaña rusa de nuestros ajetreos diarios, no es tan fácil. Quizás lo siguiente nos pueda ayudar a distinguir entre la voz del dinosaurio y la de nuestra verdadera esencia.

La voz de tu esencia	La voz del dino
... te da poder	... te quita poder
... te da energía	... te produce cansancio
... es generosa	... es voraz
... es pacífica	... te ordena atacar

La voz de tu esencia te ha permitido seguir leyendo este libro. El dino ha hecho todo lo posible por que lo dejes. Te animo a que continúes, pues ya sólo nos falta el último paso para terminar el entrenamiento de cómo domesticar tu dinosaurio.

CUARTO PASO:
MANTENERSE EN EL PROCESO

LOS dinosaurios tienen la capacidad de cambiar de estilo, de personalidad y de estrategia de tiempo en tiempo. Por eso hay que mantenerse alerta durante el proceso y no bajar la guardia. Eso no implica que nos convirtamos en enemigos, hostigadores o perseguidores de nuestro dinosaurio. Todo lo contrario, como vamos a convivir con él por el resto de nuestras vidas, lo mejor es reconocerlo y aceptarlo. Eso no implica estar de acuerdo con sus consejos y, mucho menos, seguir sus directrices.

Seguir en el proceso, y ver la vida desde la perspectiva de que hay un dinosaurio y que tenemos que seguir domesticándolo no es fácil. Cuando yo no usaba espejuelos, no me daba cuenta de que las cosas que veía -y que para mí eran normales- se podían ver de una forma distinta, más clara, más definida. Fue cuando me empezaron los dolores de cabeza que sospeché que algo andaba mal. Después de descartar otras cosas, me hicieron lo que llaman un examen de la vista. Realmente se trata de un juego de letras donde el técnico que te hace la prueba goza cada vez que fallas una de las preguntas que te hace. Si no fallas en identificar las letras grandes, te van disminuyendo el tamaño de ellas, hasta que falles. Comenzó diciéndome: "Ve leyéndome las letras que están en ese cartel que está en la pared". "¿Cuál cartel?", dije yo, pues ni tan siquiera el cartel veía. Y me tuve que enfrentar a la realidad: no veía bien, y necesitaba espejuelos urgentemente.

El doctor me dijo que tenía miopía y astigmatismo. Así que aquellas personas que en algún momento, en reacción a algo que he escrito o dicho, me han tildado de miope, parece que tenían razón. Para remediar ambos males me recetaron uno de esos espejuelos que tienen lentes trifocales. Se llaman así porque por la parte de arriba ves de lejos, más o menos por el medio ves a media distancia, y la parte de abajo es para ver de cerca. Todo ello sin que haya una división visible en el lente. El problema es adaptarse a mirar por el espacio adecuado porque si no, se te forma el lío de los pastores.

Cuando salí de la óptica con mis espejuelos nuevos y miré para el piso, quedé loco y sin idea. Me sentía tan alto como el baloncelista Shaquille O'Neill. La distancia entre mi cabeza y el suelo era enorme. Levanté la vista y, al mirar de frente, me llevé tremendo susto: ¡un carro que venía estaba a punto de arrollarme! Salté hacia el lado, como cuando un jugador de fútbol trata de bloquear un gol y, al caer, escuché a la gente riéndose. Transcurrió un largo rato antes de que el carro pasara por mi lado. Simplemente lo había visto más cerca de lo que realmente estaba. Me quise ir de allí de inmediato. Cuando fui a subirme a la acera, di un traspié, pues levanté el pie más alto de lo debido, ya que veía el borde como de un metro de alto. En estas condiciones no podría conducir mi auto, al que, de hecho, veía extremadamente pequeño para mi nueva estatura. Así que decidí llamar a alguien de mi oficina para que me fuera a buscar. Saqué del bolsillo mi teléfono celular que en el trayecto del bolsillo a la oreja creció hasta unas proporciones descomunales. Como no contestaron la llamada y ya había un policía con piernas bien largas y torso de enano a punto de darme un boleto de estacionamiento, decidí quitarme los espejuelos y conducir mi auto a la oficina.

¡Qué alivio fue volver a ver las cosas borrosas! El policía, el carro, el teléfono, la acera y yo volvimos al tamaño normal.

Así les va a pasar poco después de leer este libro. Los nuevos espejuelos les producirán cierta confusión. Y llegará el momento en que preferirán volver a ver las cosas de la manera borrosa como las veían antes. Querrán retornar a la antigua normalidad, donde el dinosaurio decidía lo que hacíamos o no con nuestras vidas. Pero, tal y como me pasó a mí, poco a poco se irán acostumbrando a una nueva forma de ver, con más claridad, con nitidez, con más detalles, con los contornos más definidos, y ya no querrán volver a ver de forma difusa.

Ya sólo me quito los espejuelos para bañarme y dormir. Cuando los pierdo -que ocurre más veces de lo que realmente desearía- y tengo que andar sin ellos, me vuelve el dolor de cabeza. Y así nos pasa cuando regresamos a ver la vida desde la perspectiva del dinosaurio que habita en nosotros. Pero por suerte, los dolores de cabeza que esto produce nos indican que el dinosaurio ha tomado posesión nuevamente. Lo positivo del dolor es que siempre nos alerta de que algo no anda bien.

Cada año me hago un nuevo examen de la vista. Perdemos visión sin que nos demos cuenta, aun con los espejuelos puestos, y hay que renovar la receta. Así pasa con el dinosaurio que llevamos dentro. Cuando ya nos hemos acostumbrado a ver sus tácticas y estrategias y conocemos sus trucos, el muy listo cambia. Se adapta a la nueva forma como estamos actuando. Por eso, día a día, hay que renovar los espejuelos con los que miramos la vida. Día a día hay que estar pendientes de ese dinosaurio que tenemos dentro y hay que seguir domesticándolo.

La idea no es convertirnos en su enemigo porque, entonces, le damos poder. La idea es aprender a convivir con él, aceptándolo y aprendiendo a manejarlo. Pero para lograr eso hay que sacar tiempo diariamente para *detenernos, observar* sus nuevas tácticas, ejercer nuestro libre albedrío y *elegir* lo que haremos.

Domesticar el dinosaurio es una aventura que no para y debe ser parte de gozarse la vida. La felicidad no está en el futuro, como un premio a los sacrificios del presente, como nos ha hecho creer nuestro amigo el dino. La felicidad es una forma de experimentar la vida momento a momento. El proceso de domesticar el dinosaurio no termina nunca. A cada instante nos enfrentamos a la maravillosa oportunidad de escoger entre la voz del dino, y la de nuestra verdadera esencia. Si decidimos hacerle caso al dinosaurio, que sea por decisión nuestra y no, por imposición suya. Si decidimos escuchar nuestra verdadera esencia y dejar salir nuestro verdadero ser, que así sea. Cada momento tiene el potencial de ser un momento de felicidad o un momento de miseria. Lo importante es seguir en el proceso.

Cuantas más personas lo hagamos, mejor será el mundo que les dejaremos a las futuras generaciones: un mundo lleno de amor y de mejores formas de convivencia. Así nos proyectaremos hacia la eternidad donde llegaremos a ser más viejos y más significativos que el más arcaico de los dinosaurios.